班級經營

三人行

Smart 營造親師生
三贏的最佳指南

春光等◎著

作者小檔案

陳君易

ㄚ易班導、君易老師

成長與進修：文化大學美術系；臺灣師範大學教育學分班、第二專長國文科學分班；政治大學輔導四十學分班。

回首來時路：大明工商（美工科）、穀保家商（幼保科、美容美髮科）、鶯歌國中、板橋國中（美術、國文老師），一路走來，樂在班導工作。

一步一腳印：2003年帶領「快樂家族閱讀」榮獲北縣「班級書香」國中組第二名、指導學生參加北縣美展，獲版畫類佳作；1997年參加「平安是我們今後該有的路」全國徵文比賽，榮獲第二名；1995年臺灣區國語文競賽教師組作文比賽全國第二名；1992～1995年多次參加國語文競賽教師組作文比賽獲佳績；1991年主編鶯歌國中校刊，榮獲優等；1988年設計作品入選第42屆全省美展；1987年台中文英館「陶藝皮革展」。

徐國峰

國峰老師（徐老）

成長與進修：臺灣師範大學數學系

回首來時路：導師十年、生教組副組二年、專任老師一年、教師會理事年、教評會代表八年、投入板橋國中學營教師五年並致力數學教學的啟發

薛春光
春光校長

成長與進修：高雄師範大學化學系、臺灣師範大學化研所、教研所四十學分班。

回首來時路：導師十一年；團體活動科輔導員；社區童軍團長；訓導、教務主任；借調教育局；石碇國中、竹圍國中、板橋國中校長（現任）；電視節目《我的這一班》顧問；公共電視青少年及兒童節目諮詢委員；教育部第二屆性別平等教育委員會委員；臺北縣中小學校長協會第三、四屆理事長。

一步一腳印：教育部第一屆校長領導卓越獎國中組得獎人。

李永旭
永旭校長

成長與進修：臺灣師範大學工業教育學系、工業教育學系研究所、四十學分班。

回首來時路：訓育組長七年；訓導主任；石碇國中總務主任；竹圍國中教務主任；輔導主任；板橋國中教務主任；萬里國中校長；自強國中校長（現任）；曾擔任臺北縣輔導團正向管教種子教師、教育部藥物濫用宣講種子教師等。

一步一腳印：1993～1994年全省工藝競賽陶瓷工榮獲第一名。

多元智慧：喜愛文學作品，散文、小說；喜愛資訊、陶藝、電影欣賞、唱歌、生態旅遊。

黃鈺欽
鈺欽老師

成長與進修：國立體育學院體育系

回首來時路：幼稚園足球指導教師；教師會理事長；教評會委員；家長會總幹事；合作社理事兼經理；體育、訓育組長；技藝中心生輔組長；生教組副組長；導師；高關懷班導師兼體育任課教師。

一步一腳印：2005年獲得全國技藝教育績優人員表揚；2004年獲臺北市西區獅子會評選為推展交通教育優良教師；2002年榮膺板橋市模範教師。

一步一腳印：2008北縣教學卓越獎特優；2006年GreaTeach全國創意教學獎優等；2005年北縣教師教學創新獎優等；2004年結合社區資源推展科學教育榮獲全國學校經營創新獎特優；2003年獲教育部頒第一屆教學卓越獎、中華創意發展協會全國學校經營創新獎特優，並多次參加臺北縣數學科展皆獲佳績。

開創親師生三贏的班級經營

　　教育基本法自1999年6月23日公布實施，家長取得參與學校教育事務之權利後，可以參與孩子教育的內容日漸增加。因此，家長在班級經營中相對地扮演重要的角色。教師在班級經營中，若只注重及關心師生互動、學習成效、學生生活教育等，而忽略邀請家長一起加入，未必對班級經營有不利影響；但是，若能邀請家長參與經營班級，成效必然加倍。

　　班級經營中常見的親師互動，有電話、聯絡簿、網路（如電子郵件）……等諸多媒介，其中，最值得重視的是：親師相約見面的家長日。家長日活動，功能很多，譬如教師可藉由

家長日行銷自己教學理念，系統化說明教育觀念與班級經營的做法；親師可經由面對面溝通，化解彼此歧見；而家長也可互相分享教養經驗，認識不同的家庭。由此可見，經由「家長日」的平臺，拉近親師之間關係，絕對有利於班級經營。

　　仔細觀察各班「家長日」，可歸納出不同類型的家長：有不論多忙，一定準時參加的家長；有些該來的，卻總是不來；有些則是姍姍來遲，只為簽個名、有交代就好。而活動過程中，有的家長盛裝出席、正襟危坐，由老師高唱獨腳戲；有的班級則像大排長龍的簽書會，家長們耐心等待、只為與老師一一對話；有的班級則時間已到，家長們卻仍圍繞老師欲罷不能。當然，也有家長出席率低，原因不明的班級……

根據筆者觀察，家長的出席率與當天該班的活動設計，有密不可分的關係！因此，如何透過活動設計來吸引家長參與，讓家長對家長日有所期待，是本書與讀者分享的第一個單元。

　　家長日，畢竟是個大型活動，受限於舉辦時間、場地、經費、人力等諸多因素，每學期大約辦理1～2次，其他時間親師生的聯絡仍以使用家庭聯絡簿居多。又綜觀聯絡簿的內容，各校、各班未必相同，甚至經常更迭創新，但除了登記各科考試成績，鮮少能完整記錄孩子各領域的學習反思或努力過程。

　　「可否比照『家庭聯絡簿』的定位與功能，發展出同時記錄教師教學與學生學習歷程或結果的『教學聯絡簿』？」

　　這個想法於編輯群初次討論時，才發現國峰老師多年以前就在自己擔任的數學科教學

中，要求學生上課一定要寫筆記；每次考完試後，不管大小考試，都必須登記成績於一張經過設計的表格，而這張表格和考卷一定要黏貼在筆記本，並在每次段考完後，進行反省與檢討。這本需要請家長簽名的筆記本，忠實記錄了孩子的學習歷程，其實，就等同於一本「教學聯絡簿」。

　　本書第二單元介紹的「魔法筆記本」，其實就是一本以「教學聯絡簿」為初衷，發展成兼具聯絡簿、教科書、作業本、成績單等多功能的筆記本。這本筆記本在班級經營中如何使用、或適用於那些學科，均有相當討論空間；本書先拋磚引玉，希望讀者能有後續回響。

　　第三單元的「另類的表格」，就是一張記錄每位學生的課堂表現及考試成績的表格，也等同於記錄學生學習歷程的檔案。其中，課堂表現再細分為筆記本、心得報告與反省、分組

競賽、個人學習表現等四大項，考試成績則以一次段考作為登記範圍，細分為平時小測驗、大測驗成績兩項，並將成績用個人標準線及每次考試成績落點，連接成折線圖同時呈現，方便親師生觀察時一目了然，容易對照比較，以便進行後續輔導。

筆記本或學習表格從研發至今，雖已實作多年、修正多次，並深獲使用過的教師好評，筆者仍建議讀者可根據自己的需求加以修改。

本書是繼《班級經營潤滑劑》注之後，編輯群再一次共同完成的著作，也是筆者邀集一群優秀教育夥伴完成《全方位導師手冊》、《班級經營調色盤》、《班級經營潤滑劑》後，第四本有關「探討班級經營系列」專書；期待本書能促成教師與家長緊密合作，共創親師生三贏的班級經營。

薛春光 謹誌於2009.10.25

注：《班級經營潤滑劑》於2008年入圍第32屆金鼎獎
一般圖書類最佳社會科學類圖書獎。

目錄

Part *2*

魔法筆記本：
四合一的聯絡簿

目錄

12

班級經營三人行

13

目錄

Part1
不一樣的家長日

在教職生涯中，除了教書，最重要的就是班級經營。如何讓班級快樂學習、穩定成長、團結有向心力，除了導師與學生的良好互動之外，尚需家長幫忙督促孩子、信任與支持老師，才能創造親、師、生三贏的局面。

但老師與家長溝通不良，甚至演變成家長到學校漫罵老師的例子屢見不鮮，究其原因，不外乎彼此了解不夠，無法站在對方的立場設想所致。因此，善用「家長日」增進雙方的了解，就顯得非常重要，這是彼此建立互信與取得共識的溝通平臺。

家長日若辦得成功，學生在校的三年中，家長打電話給導師的頻率便不高，因為他們完全認同老師的管理方式，放心的將孩子交給老師管教，親師間的爭執就會減少。

因此如何規畫各年級的家長日活動，讓家長日能發揮良好的功效，是老師必須思考與了解的課題。

一、家長日活動序曲

（一）事前準備——家長方面

1.給家長的一封信

　　新學年開始，導師可親自寫一封信，讓學生帶回去給家長，邀請家長參與家長日。信中須說明：導師將會全力以赴教導學生，培養學生正確的學習態度，並將自己的教育理念、班級經營方式與家長分享。

　　信的內容隨著學生成長的每個階段，分為「信任與溝通」、「成長與管教」、「衝刺與回顧」三個主題，分別於七至九年級每學年度開始，家長日前一周發給家長。

七年級主題是「信任與溝通」，由於是班上第一次舉辦家長日，因此必須讓家長清楚明白老師的班級經營理念。

範例

親愛的家長：

　　您好，首先感謝您願意把孩子交到○○國中來栽培，並在因緣際會下，我們都抽中了七年○班，成為在校的一家人。未來的三年相處歲月中，身為導師的我，定當戮力以赴，也懇請家長能全力配合，不吝指教。

　　現在的教育大環境正處在「變化」、「改革」、「多元」中，老師為了要因應多變的教育制度，更需以如履薄冰的心情去面對教育事業，而這需要決心與毅力。隨著孩子的逐漸成長，伴隨著的是大人眼中的「大小孩」，以及孩子心中自認的「小大人」，二種認知差距的衝突。我們大人總認為他們尚未成熟，而孩子卻覺得他們已經長大，因此如何拿捏兩者的平衡，是需要大人和孩子互相溝通、成長的課題。命令與鼓勵、要求與肯定，其關係是相輔相成的，家長可善加利用。如果家長有任何問題，身為導師的我非常樂意傾聽與協助，希望我們能共同為孩子教育，培養出一個有希望且具人情味、有用的人。

除了孩子的心性教化外，另一個重點在於讀書習慣的養成，所以懇請家長務必出席本校的「家長日」，大家可面對面溝通，我也會將教育理念與班級經營的方式跟您分享。面對小孩的國中初體驗，您是否該有一個全新的規畫與了解？孩子上了國中，您又該如何注意與孩子溝通、與老師互動？希望我們的「初次見面」是帶出我「衝勁」的第一步，各位往後的意見與配合，是我努力的後援也是原動力。

　　熱情誠摯的邀約您一起關心我們的孩子

導師 ○○○ 敬上

到了八年級，主題是「成長與管教」，將會著重在學生邁入青春期時的管教方法，也讓家長了解孩子進入國中後的成長與班上的變化。

班級經營三人行

親愛的家長：

　　您好，恭喜您的孩子在這一年的學校生活中，成長茁壯了許多。承蒙大家的鼓勵與指教，支持著我帶領這個班，雖不敢言盡善盡美，但絕對盡心盡力。

　　由於時代變遷甚巨，孩子獲得更多的物質享受，但面對挫折的忍耐力卻變低了，如何培養其獨立自主的能力，是父母與師長共同努力的目標。在紛亂多變、價值觀混淆的現今社會中，養成「自我管理、自我負責」的態度，是刻不容緩的，若能從小開始培養孩子的責任感，孩子必能闖出輝煌的一片天。

　　當孩子承受壓力時，家長總是於心不忍，因而倍加呵護。誰不想孩子幸福快樂呢？可是，在過度保護的同時，是否也剝奪他們學習獨立、解決問題的機會？因此，必須藉由學校團體生活的訓練，彌補孩子成長過程的不足，在孩子徬徨的時候，需要您及老師的互動合作，使孩子找回自我，重新擬定未來目標。

　　青少年正值人生的絢爛階段，父母與老師應培養孩子積極的思想與態度，養成腳踏實地的習慣，發揮

創意、明辨是非，懷著一顆喜悅的心，勇於接受挫折、面對挑戰，如此孩子才能擁有自信，活出有味的人生。

　　再度熱情誠摯的邀約您一起關心我們的孩子～體驗不一樣的家長日

導師　○○○　敬上

到了九年級，主題是「衝刺與回顧」，因為這一年孩子即將面臨人生中的第一個大考，也要回顧過往、面臨畢業，因此，如何培養正確的讀書方法，設定升學目標，調解壓力，是這一年的重要課題。

親愛的家長：

　　首先恭喜您的孩子，已邁入國中生活的最後一年，在這最後一年，期待有我及您的支持配合，讓孩子留下美好的回憶。

　　由於教育制度未臻完善，變化仍大，孩子在這一年所面臨的升學壓力不輸以往，因此如何化壓力為助力是最重要的，可從以下三點著手：

一、時間規畫妥善，配合正確的讀書方法：

　　能自我制定讀書計畫表，考前複習計畫表及各科的準備方法、讀書方式，如此才能按部就班扎實的念好每一本書。

二、調整心態，設定理想的目標：

　　其實最大的敵人是自己，能設定目標不斷超越自己的人，才能在人生的路上穩健踏實的行走。當然最重要的，便是「信心」的建立與「目標學校」的設定。

三、做個快樂的讀書人：

「助人為快樂之本」、「多接觸快樂的人」、「化小成就為大快樂」、「保持一顆快樂的心」、「不要給自己負荷不了的壓力，但一定要努力」，如此才能有愉悅的情緒與信心，面對國中生活。

在邁入第三年之際，我感覺自己活像個戰士，整日與孩子的壓力、消極、數不清的小雜事和不可知的突發狀況等作戰，但我也有不少的助力，像家長支持、信心、愛心和班級笑聲，這些都是我的最佳盟友。我能有這樣充實愉快的教學生涯，都要感謝各位家長們。孩子是未來的棟梁，你們有信心把孩子交付給我，我倍感榮幸。

這一路走來，我有太多的回憶，直到目前，我的教學工作仍然是充滿了挑戰及樂趣，因為我所接觸的都是各位可愛的小孩，在這最後一次懇親會中，個人有個小小的懇求——希望各位家長出席家長日活動，當天我會安排一個時間，由各位贈送孩子一個驚奇的禮物（也可以用溫暖的言語、肢體動作代替），表示勉勵、關懷，寄望藉由此活動，帶給小孩無比的信

心，也讓家長日畫下完美的句點。

　　希望各位家長能踴躍支持此活動，並且保密。

導師　　○○○　　敬上

班級經營三人行

一般來說，家長會有疑問：家長日要做什麼？不就是千篇一律，談談話而已嗎？況且那麼多人在場，老師有時間回應我的問題嗎？因此，藉由「給家長的一封信」，可讓家長了解老師想傳達的事情，並感受老師的教育熱忱，也讓家長知道「我們班的家長日與眾不同」，繼而提高參與意願，這是家長日成功的第一步。

○○國中七年○班家長日問卷調查表

本班家長日舉辦時間：○月○日（星期○晚上）19:00～21:00

請家長踴躍出席，您的出席是導師未來三年帶領本班的動力，透過溝通，增進彼此的了解，讓親師生關係更和諧，讓我們為小孩的成長一起努力。期待您的參與，您的出席也會讓孩子有機會得到學校的「嘉獎」鼓勵喔！為了讓家長日過程順利圓滿，煩請您撥冗回覆下列問題，謝謝您的配合！

一、從國小到現在，您覺得孩子有哪些生活上的問題最令您困擾？

二、您覺得孩子懂得善用時間嗎？除了讀書外都做些什麼事？

三、您對孩子的課業成績表現抱著何種管理態度？三年後有何種升學期待？

四、除了課業表現外，您希望導師教導貴子弟什麼觀念？

五、請您寫出對孩子優良表現的獎勵方式，若犯錯又如何處理呢？

六、為了讓孩子擁有良好的讀書環境，請您提供美化教室的物品，如盆栽、書籍、時鐘等，用過了也無妨，或是您有任何特殊專長，願意參與班級服務的工作，也非常歡迎，在此感謝您對班上的付出。

可提供之協助	專長	盆栽	書籍	電扇	油漆	時鐘	其他
請勾選							

七、對老師或校方的建議：

能否出席家長日：是□ 否□，原因：_____
若不能參加，請約略敘述原因，或以電話告知，謝謝！　　　　家長簽名：○○○

2.家長問卷表

　　設計問卷表、了解家長的意見與需求，也是籌畫家長日的重要工作。老師可從對學校、班級的建議，對孩子、老師的期望等面向設計問卷。問卷可以在家長日前請家長填寫，並事先彙整，如此一來老師便可於家長日時，針對家長的疑問逐一解釋，可減少親師衝突的發生率。

範例

○○國中八年○班家長日問卷調查表

本班家長日舉辦時間：○月○日（星期○早上）9:00～11:00

隨著孩子逐漸長大，身心發展變化也愈來愈迅速，為了幫助您、我更了解我們的孩子，以及讓孩子擁有優質的學習環境，請撥冗填寫以下問卷。

一、經過了一年，您覺得孩子哪些方面進步了？哪些方面仍有待改進？

二、除了讀書外孩子都做些什麼事？有哪些生活上的問題最令您困擾？

三、本班擬訂定段考獎勵辦法，如：進步1名獎勵……，退步1名處罰……，或由班費提撥段考獎勵金等，歡迎各位家長提供寶貴的意見。

四、對班上的經營，您有何意見或可以提供哪些協助？

五、對導師的帶班方式，您有何意見或想法？

六、對學校的建議：

七、其他方面（自由敘述）：

家長日當天，本班精心策畫了班級表演活動，敬請家長熱情參與，您的到來，將是小孩最大的鼓勵。PS. 家長若出席家長日者，孩子均可獲得特別的獎勵！

為了了解本次家長日的出席情形，請您勾選出席意願，謝謝！
本次「家長日」活動：□我有空參加 □我沒空參加
原因：_____
若不能參加，請約略敘述原因，或以電話告知，謝謝！　　　　　家長簽名：○○○

○○國中九年○班家長日問卷調查表

親愛的家長您好：

首先恭喜您的孩子經過兩年的洗禮之後，已成長許多，也變得更加懂事，在邁向國中生活的最後一年，我們期待能密切配合，給予孩子最大的支持與鼓勵，協助他們度過升學關卡，讓他們能留下美好回憶。

本校將於○月○日上午9點舉辦家長日，誠摯的歡迎您蒞臨指導。請撥冗填寫以下問卷，幫助您、我更了解我們的孩子。

一、您覺得孩子兩年來最大的改變或成長是什麼？有哪些習慣仍須改進？

二、孩子回家的生活作息為何？您覺得他的時間安排是否妥當？
　　請詳述（很重要）。

三、面對孩子的課業，您有何困擾與想法？您給他設定的升學目標或學校為何？

四、對於擬定的段考（模擬考）獎勵制度，您是否贊成，有何意見或想法？

五、是否讓孩子參加晚自習，為什麼？

六、您最想跟老師溝通的是：

七、給班上的意見：

八、給學校的意見：

九、您的孩子即將面臨畢業的最後一年，您有何話想對老師說？

家長日當天，學校將舉辦一場「多元入學與基本學力測驗」講座

PS. 家長若出席家長日或參加講座者，孩子均可獲得特別的獎勵，期待您的到來！

能否參加：　　　　　學生姓名：　　　　　家長簽名：○○○

3.家長日通知書暨流程表

　　有別於學校方面的邀請函，導師可自行設計一張通知書，羅列家長日當天的活動流程，讓家長清楚家長日的活動內容，以提升參與的意願。此外，也可將家長日活動流程，做成一張大海報張貼於班級門口或黑板，讓參與者一目了然。

701班家長日會前通知單

一、本班家長日訂於明晚6：30舉行，懇請家長準時參與。

二、活動內容：

　　1.導師暨任課老師介紹

　　2.班級經營理念溝通

　　　（1）國小與國中的異同

　　　（2）班規與校規的了解

　　　（3）班級經營特色與方向

　　　（4）家長與老師的角色互動

　　　（5）注意事項

　　3. 討論事項

　　　（1）家長對處罰與服儀的看法

　　　（2）家長如何協助孩子面對九年一貫國中生活及基測

　　　（3）孩子的補習問題

　　　（4）對孩子攜帶手機至校園、放學後跑步運動的看法

　　　（5）班費

　　　（6）推行儲蓄運動、讀經習慣

　　4.家長問卷彙整與解說

　　5.選舉班親會代表

　　6.臨時動議

附註：不能參加家長日的家長，希望能認同會議上大多數家長的決議，我會將決議事項
　　　透過聯絡簿告知，如有問題可另約時間溝通。謝謝！

　　　　　　　　　　　　　　　　　　　　　　　導師：○○○　敬上

範例

活動流程表		
時間	主題	活動內容
6:30~7:00	作業展覽	吃蚵仔麵線、發放家長日資料、參觀701教室布置
7:00~7:05	序幕	學生歡迎家長蒞臨儀式：呼口號、拉炮
7:05~7:15	我在○○國中的十四天	Powerpoint 影片欣賞：701的點滴生活
7:15~7:25	感恩大聲公（一）	Powerpoint 影片欣賞：我的感想與期望
7:25~7:40	才藝表演（一）	直笛組曲＋舞蹈表演
7:40~8:30	親師懇談	班級經營Powerpoint
8:30~8:40	感恩大聲公（二）	我有話想要對父母說
8:40~8:50	才藝表演（二）	話劇：家庭劇
8:50~9:00	交流時光	家長意見分享與班務討論
9:00~9:05	選舉班親會代表	選出六位班級義工爸媽、推舉會長、副會長
9:05~9:10	親師的成長與互助	Powerpoint 影片欣賞：生命列車
9:10~9:15	閉幕	感謝暨回收意見表（回饋單）
9:15~	與老師有約	親師個別懇談

家長日舉辦前發送給家長的一系列通知單，是有時間順序及用意的，期望讓家長感受老師的用心及熱忱，進而提高出席的意願。一星期前發出給家長的一封信，三、四天前發出問卷調查表，一、二天前發出流程表，如此密集的人情攻勢及提醒，相信定能打動家長的心。甚至覺得「老師都那麼關心孩子，身為父母親，應該要更積極才對。」當老師與家長建立信賴關係，有一定的互信基礎，老師可將這些流程簡化或是變化，如把通知單與流程表設計成一份邀請函。

37

4.回饋單

　　回饋單是家長日結束前發給家長的意見回條。由於家長日時間緊湊，可能無法與家長個別討論，藉由回饋單，可讓家長寫下想與老師討論的問題，老師再擇日回覆，回饋單不僅能讓家長有機會與老師溝通，更可促使家長日活動流程順暢。

701班家長日回饋單	學生：	家長：

親愛的家長：

由於家長日活動行程緊湊，須向大家報告的事項繁多，因此無法與您針對貴子弟的情況個別詳談，希望您見諒！若您有任何想與我討論的問題，歡迎您藉由這張回饋單告訴我，我會擇時與您聯絡，謝謝！　　　　　導師：○○○　敬上

1.有關小孩的問題：

2.有關班上的問題：

3.對學校的建議：

4.今日的感想，對老師有何建議：

5.感謝家長捐贈

老師可彙整提供物品及協助的熱心家長名單，編製成海報，於家長日當天張貼於公布欄，並公開表達感謝之意，以激發家長對於班上事務的關懷熱忱，更可凝聚向心力。

感激在心中

感謝各位家長的愛心：

丁小雨爸爸、方大同媽媽

—— 盆栽、CD

孫三民媽媽、蔣四德媽媽

—— 暢銷書、英文小說

吳一心爸爸

—— 木製書櫃

（二）事前準備——學生方面

1.我有話要説

　　班級經營的主角是學生。成功的班級經營，是建構一個親師生可以互動溝通的平臺，而家長日是一個很好的契機。導師可透過學生填寫的問卷，了解孩子的想法、需求，學生們也藉此思考對班級的認同感，及如何觀察同學，對融合班級氣氛有很大的幫助。

　　問卷可分為三部分，題目可視導師的需求而做不同的設計和變動，分別是「對自己及班級期許」、「想對同學說的話」，及「父母請聽我說」，說明如下：

（1）對自己及班級期許

　　導師發下一張問卷，讓學生回家填寫，並畫上插圖，隔天再交回檢閱。問卷內容可讓孩子為自己設定目標，也審視自己有哪些缺失，未來會如何改正，以及對班級的想法，同時肯定班級幹部的用心。老師也可以請學生準備現成卡片代替，再將寫好的卡片張貼在大海報上布置。

 我〇〇〇 有話要說
to班上及自我期許

這學期我想要
_____
_____，
我會努力達成我的
目標。

告訴大家，我
_____ 未來想
當_____
，請大家拭目以待！

我常常_____
_____
_____
造成_____
_____，在此深
感抱歉，我會
改進。

我想告訴大
家，或許我
_____
_____
_____
但我會試著_____
_____希望大家給我
支持。

我覺得班上如果
_____
_____
一定會更好！

啊～ 我最近發現
班上_____
_____
_____
，希望能一直保持
下去。

班上的_____
（〇〇幹部）
最辛苦了，因為
_____
_____，
大家要多幫幫他／
她哦！

範例

（2）想對同學說的話

第一步，先請學生在問卷上填妥自己姓名，統一收回再隨機發給孩子，以不拿到自己的為原則。重新拿到問卷的學生，則依問卷上的姓名為對象，填寫第一道問題，再收回隨機發下（或往後傳兩人），接著填寫第二題，依此類推，若發下時，拿到自己的，或重複寫到，則由老師收回，再重新發放，直至完成一份「來自班上同學所給予的鼓勵與意見表」。

這份問卷需要老師引導學生填寫，妥善講解每個主題，並舉例說明，避免學生無法理解或是偏離主題。填寫過程中，可播放音樂，營造溫馨氣氛。若一堂課時間不夠，可分數次利用上課前幾分鐘完成，並教育學生感受問卷帶給自己的喜悅，但不需要關心是誰寫的。

雖然引導及填寫問卷的過程很繁瑣，但效果卻是出乎意料的好，不僅可以增進班級向心力，對於班級融合也有莫大助益。為使內容更豐富，老師在設計上可依性別製作兩款插圖。

班級經營三人行

範例 對象是女生

我有話要說，to班上的○○○

妳最讓我欣賞的
是 _____
_____
_____

妳在做 _____
_____
_____ 的
時候，令我很感動！

我想向妳說聲
_____
因為 _____
_____
_____

我覺得妳非常
努力的為班上
_____
_____
_____
值得大家效法。

班上有了妳真
好，因為你總是
_____
_____
_____

我想要提醒妳
記得要 _____
_____
_____
_____

_____ (姓名)
妳真是個 _____
_____
我想跟妳說 _____
_____

範例 對象是男生

我有話要說，to班上的 ○○○

你最讓我欣賞的
是 _____
_____
_____

你在做_____
_____
_____ 的
時候，令我很感動！

我想向你說聲
_____
因為 _____
_____
_____

我覺得你非常
努力的為班上
_____
_____
_____
值得大家效法。

班上有了你真
好，因為你總是
_____
_____
_____

我想要提醒你
記得要_____
_____
_____
_____

_____ (姓名)
你真是個____
我想跟你說 __
_____

完成的問卷，按名字發還所屬的學生，讓學生了解班上同學對自己的看法，從中得到自信，及修正自己的方向。同時，請學生為自己的「鼓勵與意見表」著色繪圖，再收回第一份問卷「對自己及班級期許」，安排同學將這些問卷黏貼在全開海報上，於家長日時張貼布置。透過這些問卷，家長們不僅更了解孩子，也可得知孩子在班上的狀況、和同學相處的情形。

範例

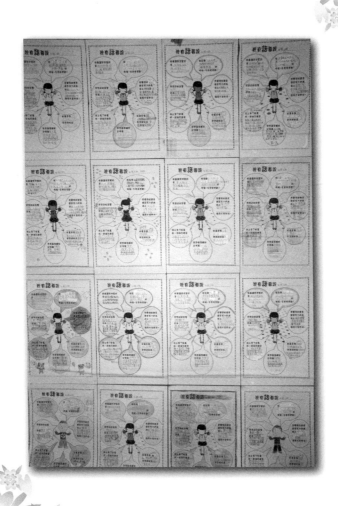

（3）父母請聽我說

　　利用家長日這個難得的機會，讓學生對父母表達
平日說不出口的感激之情。導師可將海報剪裁成
數個愛心圖樣，大小約A4紙張一半，讓學生在心
形兩邊分別寫下給爸爸、媽
媽的感謝話語，再黏貼於全
開壁報紙上，於家長日當天
公開展示。此舉可讓家長深
受感動，增加班級的溫馨。

班級經營三人行

2.心聲：想對爸媽／孩子說的話

「父母請聽我說」要傳達的是孩子對父母的感謝，而「心聲：想對爸媽／孩子說的話」則是親子的雙向溝通。首先，妥善導引學生寫出內心對父母的感受，以及平日想說但不敢說的話，或許對父母有所埋怨、批評，但鼓勵孩子懷著感恩的心，帶著期盼，抒發自己的想法及期待父母怎麼做，同時給予正向回饋。

提醒學生，這是一封給父母的信，老師將以信差的身分，於適當時間送到父母親手中，不要自行給父母，破壞驚喜感。老師也可視班級需求自行設計書信主題，最後將孩子寫好的信收回，並檢視內容是否合宜。送信時機可選在家長日，配合親師懇談主題交給家長閱讀，並請家長針對孩子的心意，回寫一封給孩子的信，達到親子互動的目的。

想對爸媽說的話

爸媽，您知道嗎？在我心裡……

....

....

....

您總是……

....

....

....

最讓我感到……

....

....

....

心聲

我常常想……

....

....

我希望爸（媽）能改變的有……

....

....

....

我想告訴爸（媽），我最欣賞您們的是……

....

....

....

想對孩子說的話

孩子，你知道嗎？在我心裡……

....

....

....

你總是……

....

....

....

最讓我感到……

....

....

....

心 聲

我常常想……

....

....

....

我多麼希望……

....

....

....

爸媽想對你說……

....

....

....

3.班級風雲錄

老師藉家長日的機會，除了與家長做良好溝通，增進親子互動，也可讓家長了解孩子在班上的狀況，有哪些特殊表現？因此，老師可以「班級風雲錄」作為主題，凸顯班級及學生特色。

（1）班級奧斯卡金像獎

為了讓家長知道自己的孩子在班上是屬於哪一類型，或是給班上同學的印象是什麼，舉辦班級的「奧斯卡金像獎」是最快且方便的方式。讓同學票選最佳人緣獎、最古意獎、最佳運動獎、最佳開心果獎等等，家長可藉此得知孩子在班上的表現。做這類票選時，有三點需留意：

a.原則上應人人有獎，可規定學生票選時，每個選項勾選三個人，全班每人均需勾選到，如此結算選票時，才不致有人落單沒得獎。

b.學生勾選完後，老師應回收所有選票，並檢視得獎名單，每個獎項可選取3～5人，並作適當調整，以兼顧家長感受及學生特質為原則。

c.票選單最好於家長日一星期前完成，前3～5天

58

班級經營三人行

請2～3位學生協助開票統計，老師可將得獎結果製成海報張貼，或於家長日前一天請同學寫在黑板上，也可做成電子檔收錄於「親師分享手冊」中。

（2）個人暨班級風雲榜

將班級的獲獎紀錄，不論是學生個人或團體、班級所得到的榮譽，製成班級風雲榜，於家長日時與家長們一同分享學生的榮耀，一方面展現班級特色，另一方面也可使家長更了解孩子在校的表現。也可將風雲榜收錄在「親師分享手冊」中。

班級 風雲錄

★ 教師節海報比賽第一名

★ 七年級第一次生活榮譽競賽第一名

★ 七年級健康操比賽榮獲甲等

★ 教室布置比賽第一名

★ 家長日出席率全校第一名

★ 全校班刊比賽第一名

★ 七年級第二次生活榮譽競賽第一名

★ 校慶精神總錦標七年級第三名

★ 英文單字二千字比賽七年級第一名

★ 廁所綠美化比賽榮獲五星級

★ 弟子規背誦比賽榮獲便服一天

★ 第一學期整潔總積分榮獲優等

雖不能樣樣盡善盡美，但卻能事事盡心盡力 —— 這就是701

班級
奧斯卡
金像獎

1	穩重成熟	★○○○ ★★○○○ ★★★○○○
2	純真可愛	★○○○ ★★○○○ ★★★○○○
3	帥氣十足	★○○○ ★★○○○ ★★★○○○
4	美麗大方	★○○○ ★★○○○ ★★★○○○
5	寶裡寶氣	★○○○ ★★○○○ ★★★○○○
6	不可思議	★○○○ ★★○○○ ★★★○○○
7	搞笑風趣	★○○○ ★★○○○ ★★★○○○

※○○○為學生姓名或綽號。

（三）事前準備——團體分工方面

1.科目編組：作業展

　　以各科小老師為組長，其餘學生抽籤按科目編入各組，全班均需編入，每組分配一個區域布置作業展，各組可用桌巾、海報、娃娃、盆栽、假花等裝飾品美化區域，讓家長一到班上，便能找到自己小孩的作業，並了解各科學習狀況。

範例

若不以科目作為布置作業展的分類，老師也可以
學生個人為主，請學生將自己的各科筆記、作業或作
品等整理妥當，以學生自己的課桌為展示區，方便家
長翻閱了解孩子的學習狀況。

班級經營三人行

不一樣的家長日

2.活動分組：才藝展現

「才藝表演」能為家長日注入生命力，同時讓家長看到孩子的成長。首先須將全班分組，各組討論表演形式，可唱歌、表演話劇、跳舞、魔術或吹奏樂器等。七年級的第一次家長日，可先將會演奏樂器的同學挑選出來，因為這些孩子大多比較會展現自我。之後的家長日就可以安排全班學生分組表演，除可讓家長欣喜孩子的蛻變外，也讓家長日多了活力。

3.任務編組：分工合作

依學生個性喜好分為八大組。

（1）教室美化：負責布置、美化教室，包括板書繪畫、講桌擺設，以及海報繪製等，以有美術專長的學生為主。

（2）物品採買：負責小點心、餅乾、海報等用品採購，供布置及家長日當天慰勞參與人員所需，人選以總務股長或熱心學生擔任。

（3）場地整理：家長日前一日負責教室桌椅排設、地

板打掃、拖地，及活動當天維護教室整潔，可由衛生股長帶領做事勤勞有力的男生擔任。

（4）報到服務：負責教室外服務臺設置、家長日簽到與發送資料等事宜，可以輔導股長為組長，加上活潑有禮的學生擔任。

（5）親善大使：負責接待、引領家長至開會地點，且為教室布置作解說，請熱心、有禮、笑容可掬的學生協助，可著統一整齊的服裝，顯得有精神。

（6）紀錄祕書：可委請字跡工整、聰明伶俐的學生3人，負責開會時做會議記錄、資料匯整與準備，以及傳達老師訊息等工作。

（7）活動攝影：負責活動當日的攝影工作，可多準備幾臺相機，請對攝影有興趣的學生負責。

（8）分享手冊製作：老師將欲與家長分享的資料編排妥當，再請學藝股長及手巧的學生，協助影印裝訂，即為「家長日親師分享手冊」。同時也能整理出版班刊時所需資料。

透過分工的方式，讓每位學生學會合作、共同完成任務。凝聚了對班級的向心力，而家長看見孩子努力的身影與成果，更能引起對家長日的認同感。

老師利用多元的方式鼓勵學生參與家長日，強化學生自己是班上的一份子，並向學生說明家長日當天有同學精采的表演，來引起學生的興趣，提高參與的動力。

另外也向學生清楚解釋家長日的意義，讓孩子把握親師生一起溝通分享的機會。老師可將班上以前活動製成影帶，於當日播放，也可請學生們自備一段約30秒對父母的感謝詞。如此，學生增強了參加意願，也更樂於分工合作。

班級經營三人行

範例

（四）事前準備——導師方面

1.班級影片

　　除了學生的表演活動能為家長日注入活力，老師在當日可以播放兩段有關學生的影片或是PPT，一為班級點滴，一為感恩大聲公。將這些影片安排於家長日開頭或穿插播放，不僅可為接下來的活動暖身，同時家長透過影片欣賞，了解到孩子在學校參與了哪些活動？又是如何與同學相處？妙用無窮。

班級經營三人行

範例

不一樣的家長日

（1）班級點滴：以班級為主軸，將學生平時活動的照片，如上課、打掃、一日作息、運動會、大隊接力、健康操、校外教學等，製成10～15分鐘播放檔，提供家長欣賞。強化家長對班級的認同感，更進一步了解孩子在校狀況。

（2）感恩大聲公：以學生個人為主題，先拍攝學生個人照，再輔以感恩旁白，如自我期許、班級生活感言、擔任幹部感言、對家長及師長的內心告白等等，以字幕或原音呈現，製成10～15分鐘播放檔。

2.家長日主題

為了幫助家長快速掌握家長日的重點，並加強導師與家長的溝通，導師可將家長日所要討論的主題及內容，製作成PPT播放檔或投影片增加講解效果，或是影印裝訂成冊。

內容可依以下方向整理：

（1）班級經營方向：如班風、班規、班級行事曆等班

級概況。

（2）班務等討論事項：如補習、處罰、班費、儲蓄、班親會代表、段考獎勵辦法等。

（3）親師生互動節目：如教室布置、學生表演、影片、現場表達等活動，如何讓家長難忘，就得靠老師們的創意囉！

（4）教育相關資料：從網路、報章雜誌、輔導室等，尋找優質文章，如讀書技巧、親子溝通、培養閱讀、孩子競爭力、勵志等主題，與家長分享。

不一樣的家長日

（5）親師分享影片：收集溫馨感人的故事或具有啟發性的文字、照片，製作成小短片或PPT，與家長分享。

3.親師分享手冊

老師將要報告或分享的資料，彙整成冊，在家長日發給家長，讓家長在會議進行時作筆記，會後也可帶回家仔細閱讀，有不清楚之處，再與老師溝通討論。分享手冊的內容可依老師需要自行調整，也可以

作為輔助親師生交流的利器，當老師忙於班務，無暇分心製作班級點滴、感恩大聲公之類的播放檔時，可改採書面形式加入分享手冊中，讓家長可以得知孩子的心聲以及在校點滴。

※建議「親師分享手冊」內容架構如下：(老師可斟酌採用)

班級經營三人行

親師分享手冊

綜合事前準備工作，包括家長、學生、團體分工及導師等四方面，導師若是對家長日籌畫沒有把握，建議可在家長日前兩星期，將所有準備工作排出流程表，逐一完成，隨時修正，相信會更有方向和充實感！

不一樣的家長日

二、家長日活動進行曲

　　成功的家長日，除了完善的事前規畫，當日的流程安排及內容呈現，更是關鍵，展現的正是老師對未來帶班三年的想法與期許。因此，在籌備家長日時，須掌握一個大原則，即思考如何建構一個三年的家長日。

　　以下介紹家長日的流程與內容，依不同年級有不同的呈現方式，老師也可按學校規定、班級概況作修正，規畫一個符合自己理想的家長日。

（一）開場

1.學生活動剪影播放（約7～15分鐘）

　　九年級時，由於學生已具備電腦能力以及足夠創意，可讓學生自製班級生活點滴，會有意想不到的效果唷！

七上
以「我在○中的新生活」為主題，拍成生活紀錄片，包括一天的生活作息、上課、打掃、運動、活動、午休、放學等，可加入旁白解說。

七下
分別以創意701、團結701、活力701、溫馨701等為主題，呈現上學期所有的活動。

八上
分享一年來的喜、怒、哀、樂畫面及活動剪影，以「喜悅的成長」為主題，發表對父母親的感言。

八下
拍攝活動動態剪影，如校外教學、模範生選舉活動、隔宿露營、英語歌唱比賽、校慶表演、大隊接力、拔河等呈現國中生活的多彩多姿。

九上
以「我一定要成功」為主題，依學生個人態度、特質、興趣……等，拍攝學生努力或活動的畫面，製作個人願景。

九下
畢業總回顧，製作三年的成長紀錄片，輔以班歌及令人感動的旁白，播放時間內容可增加。
備註：若活動開始家長仍未到齊，則可不斷重複播放。

2.播放「感恩大聲公」影片（約5～10分鐘）

讓孩子寫下自己的夢想、目標，或這段時間的成長與收穫，加背景音樂播放；亦可採說、錄的方式剪輯，每人約20～30秒呈現原音感性告白。

3.介紹任課老師暨副導師（實習老師）

設計表格請任課老師填寫，如教學目標及對班上的感覺、希望學生、家長如何配合等，再放入個人照，製成簡報，或是將表格收錄於親師分享手冊。如此一來，等於任課老師間接也參與家長日，家長可藉此了解各科任課老師的教學觀，而非僅認識導師。

4.發「心聲：想對爸媽說的話」給家長

老師以信差身分，將先前引導孩子寫給家長的話，發給家長閱讀。透過這份「心聲：想對爸媽說的話」，能讓老師快速且精準的掌握學生與家長的互動關係，進而當一個良好的溝通橋梁，而家長更可知小孩的內心想法，得以改善親子關係。待家長看完後，另發下一張「心聲：想對孩子說的話」給家長，讓家

長於現場或回家後，也寫下對小孩關心的話語，親手交給小孩，這是親師懇談很重要的一項功能，能增進親子間的交流，加強家庭教育功效。

5.親師交流主題前言

　　歡迎家長，並簡略說明今日會議的主軸概念，呼應前面四點的內容，並對之前發的「給家長的一封信」再做一次解說，加深家長印象。

　　以下提供個人依年級不同所設定的親師交流主題，老師可參考應用。

（1）七年級：主題是「信任與溝通」。首先從班規開始說起，「遵守上學到校時間」必須一開始就向家長明確說明。接著應告知家長聯絡簿的重要性、留意段考時間及成績，並針對孩子的生活作息安排、如何培養良好的品德、健康生活型態等給予明確的建議並建立良好的師生管道。

（2）八年級：主題是「成長與管教」，請家長觀察孩子在國中這一年來的成長與班上變化。例如教室布置的進步，即可發覺孩子們是可以訓練的，若

老師時常在班上進行分組活動，就能培養團隊合作的默契、解決問題的能力。孩子不一定全都功課頂尖，但是一定很會做事。此時期也是孩子行為變化的關鍵，也請家長留意孩子的交友狀況，及次文化影響。

（3）九年級：主題放在「衝刺與回顧」。衝刺，是指九年級將面臨的學測；回顧，是指孩子們在七、八年級所經歷的任何事件。例如：班歌表演、父親節活動……此外，也會向家長說明基本學力測驗的重要相關事項，以及各高中、職最低錄取分數，可以讓家長了解孩子未來可能的落點。最後安排一段時間，讓家長對孩子表達鼓勵、關懷之情，由於孩子即將面臨畢業，藉此把活動辦得溫馨，讓孩子留下深刻的回憶。

（二）家長日主題——親師生的三角關係

1.播放「親師生的三角關係」PPT，闡述班級經
  營理念與班級概況

　　以下按年級一一說明，七年級上學期作詳細範
例演練，其餘各年級以大綱條列，細目由老師發
揮。

七上：潛移默化，培育孩子

一、導師的叮嚀

班級經營三人行

1. 每天7：25到校。9月15日起，因開始課後輔導，所以放學時間為16：50，但為避開放學擁擠時段，並做一日生活檢討，故17：20放學。

2. 按功課表，每星期一、二、三、五穿運動服，放學後會跑步健身，以增進體能，請家長準備兩套運動服替換。

3. 請家長每日檢查孩子的聯絡簿隨時注意評語，並簽名或回應，另外，請不要吝惜給孩子鼓勵，例如：孩子的寫作欄寫得很好，老師打上「good」的評語，家長可以再加上一個「very good」以示鼓勵！

4. 國中開始，由於各科老師不同，因此導師無法掌握每天的作業量，這是家長們會覺得功課變多的原因。升上另一個階段，需要教導孩子如何適應

老師。

5.注意孩子的成績，考得好，多給口頭鼓勵；考得差，也希望您與孩子共同討論原因。另外，培養孩子「今日事，今日畢」的觀念，以免段考準備不及。

6.學校每次段考間隔約六星期，第一次和第二次段考後一周內會發出成績單，第三次段考的成績單會在寒暑假的返校日發放。

7.希望孩子養成良好的生活作息，並學習如何規畫時間。

8.說明EQ比IQ重要，因此應培養孩子好的品德與心態。

9.說明孩子變壞前的徵兆，請家長隨時注意，確保孩子行為端正，一有問題，可隨時聯絡，共同導正孩子行為。

10.請家長不要讓孩子帶太多錢來學校，一旦失竊，尋回的機率極低。

11.開水勝於任何飲料，減少讓孩子喝含糖飲料。

12.說明學校請假制度，以及請假電話。

13.請家長若有任何意見，隨時與導師溝通，避免
　　產生誤會。

二、營造良好的親師關係

1.家長可利用聯絡簿、電話，或是親自前往學校與
　老師溝通，以便和老師保持密切的聯繫。

2.老師對孩子的要求，若與家長本身價值觀不相同
　時，家長可與老師相互討論協商，尋找一個雙方
　可接受的最佳方式。

3.如果對老師不滿意，可私下與老師溝通，千萬不
　要在孩子面前批評老師，以免造成孩子倫常關係
　混淆，在學校對老師表現出輕蔑言行，甚至引發
　肢體衝突。

4.親師間需要彼此尊重，避免出現類似「告到教育
　局」、「召開記者會」的言語。親師關係不佳，
　影響最深、受害最大的會是學生。

5.老師也需要和諧的成長空間，如果有處理不當或
　是需要改進之處，可以與老師進行協談與溝通。

三、班級風氣的建立

1.適度的處罰及自然整齊清爽的服儀

（1）詢問家長對處罰的看法，例如當孩子做錯
　　事，多次勸戒無效時，可能會用○○的懲罰
　　方式，詢問家長能不能接受這樣的方法，或
　　有其他建議。

（2）公開○○學校對家長、老師及學生所做過的
　　服儀問卷調查結果，大多數以不要過度花時
　　間整理為原則。

2.生活能力的培養

　　公布班級幹部及小老師名單，向家長說明擔任班
級幹部代表榮譽，藉由擔任幹部以訓練孩子的辦事能
力。另外，請家長要求孩子協助家事，如果不從小訓
練孩子幫忙家事，久而久之，孩子會變得不願意做事
情。

3.班級生活常規的制訂

（1）全班分成六排，每天由自治會幹部統計個人
　　違規事件，並以累計方式登入所屬各排。

（2）每周統計一次，全班表現最差的3～5位學

生，於星期五放學後留下愛心打掃；每兩周
統計一次表現最好的一排，老師給予獎勵。

（3）優良表現者，也是兩周統計一次，列入個人
記錄，取全班前5名，老師給予獎勵。

（4）此辦法於平常日實施，若有學生大量違規、
或同樣事情屢勸不聽、抑或違反重大校規，
老師將另行處分。

（5）實施後，若全班生活榮譽競賽名列全校前五
名，不僅可穿便服上學，老師也可以舉辦獎
勵活動。

（6）本生活常規表於每次段考後統計結果，然後
寄給家長一份（家長若看到自己孩子被記了
一百多個缺點，請不要太過吃驚，那是一段
時間的累積。而優點也可以抵消缺點）。

（7）此生活常規登記表將累計至學期末，作為老
師打操行成績之依據。

（8）此辦法如有任何問題，得經學生向老師反映
後，於班會時討論修訂。

4.說明讀經的方法及目的

5.說明班級促進閱讀的作法

（1）每天都需撰寫讀書心得寫作（聯絡簿），並有主題分配。

（2）學校規定的語文背誦（《論語》）。

（3）巡迴書箱（每班兩星期輪一套書）。

（4）班級圖書室的建立。

6. 說明班級標語

（1）知足、包容、感恩、惜福。

（2）負責的男孩最帥氣、認真的女孩最美麗。

（3）完美不是代表滿分，而是盡心盡力。

（4）一勤天下無難事。

四、班級概況

1.班刊（班訊）

（1）將學生分組，每組輪流製作班刊。

（2）班刊大約二或三周出刊一次。

2.籃球隊

（1）說明籃球隊報名需經導師及家長同意。

（2）說明籃球隊的練球時間。

（3）加入籃球隊後，若品行變差，將立即遭強制
　　　退出處分。

3.軍樂隊

　本班為學校軍樂隊主體，會常利用時間練習，請家長熱心支持；另外音樂季即將來臨，軍樂隊將有表演，請家長撥冗前來觀賞，不吝給予孩子掌聲。

4.班級行事曆

　根據學校行事曆，整理與本班相關行程，製成班級行事曆講解，以便家長了解本學期活動，並加以配合。

5.班級風雲錄

　向家長報告班上學生的人格特質，及在校優異表現，並對孩子的表現予以肯定。

七年級上學期所作的是較詳細的家長日主題示範說明，下學期及八、九年級主要提供主題、主軸，老師可視班級情況及需求作設計。

七下：多元智慧，肯定孩子

一、播放「親職教育有關的相關影片」。

二、從孩子的眼中看世界。

三、如何培養孩子的創意、團結及同理心。

四、班級概況。

八上：同儕影響，關懷孩子

一、陪著孩子快樂一同成長──父母的心態、
　　老師的肯定、學生的自動自發。

二、用心升上二年級──國二變化的一年（叛逆與成長）。

三、行為偏差的前兆。

四、如何扮演 e 世代的父母。

五、班級概況。

八下：兩性相處，引導孩子

一、小孩的愛情「關」。

二、培養獨立的能力。

三、讀書技巧的提升。

四、班級概況。

五、國三分組制度。

九上：未來發展，支持孩子

一、多元入學說明簡報──準備充分，向家長說明各種升學管道。

二、時間規畫妥善，配合正確的讀書方法。

三、調整心態，設定理想中的目標。

四、做個快樂的讀書人。

五、班級概況。

六、檢驗自己、了解孩子的未來。

七、如何扮演國三這階段的父母、國三壓力的
　　一年（消沉與成長）。

九下：回顧反省，鼓勵孩子

一、面對升學壓力如何因應？

二、三年總回顧。

三、感恩的告白──家長與孩子的互動。

四、成長歷程的分享。

五、班級概況及班務總結。

2.親師分享

（1）家長日親師分享手冊

講解親師分享手冊內容，由於部分內容在前面的
PPT中，已被講述完畢，因此與家長分享教育理
念、文章為主。例如教子十鑰、談壓力與挫折忍
耐力、歸納出孩子尊敬父母親的哪些特質，以及
孩子心目中理想的家庭氣氛、孩子變壞前的行為
會說話等。

不一樣的家長日

（2）具有教育意義的短片欣賞

收集有勵志意義且心靈可獲得成長的短片或
PPT，老師可根據主題做相關聯結，搭配柔和感
性的音樂，於活動中播放，讓家長有機會欣賞體
會。各縣市教育單位，乃至學校網站，都有相關
訊息、文章，可供師長參考、運用。

（三）班務討論

　　應於會前妥善規畫幾項要推行的班級事務，於會議上討論，使家長了解及支持。例如：成立班級基金以助班級事務推行、放學後的跑步運動、成立段考獎勵辦法、對各種違規處罰的看法等。

　　以推行班級儲蓄運動為例：

　　向家長解釋儲蓄運動的優點，並舉例說明，如校外教學、隔宿露營、畢業旅行等需要較多費用的活動，可協助家境較困難的同學部分支出，具有應急功效。接著討論以什麼方法儲蓄，老師可以先擬定一些可行方法。

　　討論：

（1）以一定時間收一定額度的費用，來達到幫同學儲蓄的目的。

　　（結論：兩星期○○元）

（2）同學可以自由參加，但參加之後必須全程參與。

　　（結論：同意）

班級經營三人行

（3）至國三畢業前，會領取部分金額作為班級畢業前支出，其餘全數退還同學。

（結論：同意）

（4）詢問家長是否同意這個儲蓄制度。

（結論：同意）

（5）詢問是否有家長在郵局或銀行工作，可以幫忙開戶。

（結論：楊○○的媽媽願意幫忙）

老師作總結時，須感謝家長的支持，並告知正式開始時，會通知所有家長，原則上隔兩周的星期一開始繳交款項，星期四交由○○媽媽存入郵局，存摺由老師保管，印鑑則由○○媽媽收藏，每學期影印紀錄給家長，寒暑假暫停儲蓄，有任何問題，隨時與老師聯絡。

（四）選舉班親會代表

　　事先調查是否有家長曾經擔任過家長委員，或常擔任義工、為民服務的志工等，若所有家長皆太謙虛、客氣而遴選不出代表時，老師可適時推舉。不過就以往經驗，經過家長日活動的洗禮之後，都會有熱心的家長自願擔任代表，或只要被推舉，也都欣然接受，看到老師的用心，其實家長們也會願意付出。

三、家長日活動閉幕曲

（一）感謝家長捐贈。

（二）分享生命教育投影片，主題可自訂。

（三）回收參與此次家長日的意見表。

（四）感謝家長們的參與並預告下次不一樣的家長日。

（五）留下導師聯絡電話及e-mail。

（六）在家長日結束後三天內會發一張決議書給家長。

範例

七上

親愛的家長：

　　您好，首先感謝您蒞臨家長日活動，有您的支持，相信本班必定愈來愈好！

　　此次活動全班35位學生，共有33位學生家長參與，可見大家對孩子教養及成長的重視，日後我會與您保持互動，一起為教育我們的孩子努力。

　　茲將家長日重要決策與意見統整如下：

（1）請家長務必每日檢查聯絡簿。

（2）每星期一、四發下短篇小文，於聯絡簿書寫感想。

（3）每周末寫一篇智慧小語。

（4）每日挑戰一題數學、一則成語。

（5）每天17：20分放學，段考前一周留至17：45分放學。

（6）經學生決議自10月份開始，每兩周儲蓄○○元。

（7）家長決議每位學生同學繳交班費〇〇元。

（8）成立電子家庭聯絡簿，請家長上網觀看訊息。

（9）導師信箱如下：kfong****@yahoo.com.tw歡迎各位家長將不錯的訊息、文章、影片、活動點子寄給我，我將做妥善的運用，您的一個小動作將造福全班的學生。

（10）導師電話：2968****、0921*******，有任何問題，歡迎隨時與老師聯絡。

謝謝一心媽媽捐贈班上鏡子一面；二意爸爸捐贈班上課外書一袋；三民媽媽捐贈班上時鐘一個；四維爸爸、八德媽媽各捐贈班上飲料一箱；其餘家長仍陸續協助班上事務，在此感謝所有幫助本班的家長，相信當您再度蒞臨本班時，必將耳目一新。

此外，非常感謝幾位熱心擔任本班家長代表的家長，有四維爸爸、八德媽媽、三民媽媽、大同爸爸等等；其中四維爸爸、八德媽媽分別為家長會長、副會長。相信701班在各位的帶領下，會愈來愈好。

明天開始收班費，耳聞別班發生掉錢的狀況，因此請各位家長交代小孩要保管好，再次感謝各位家長的幫忙，希望我們能共同打造一個快樂的701班級，共同勉勵吧！

導師　○○○　敬上

四、家長出席率的良性循環

家長日的家長出席率與日後親師生三角關係的密切程度，息息相關。籌備一個可以發揮良好功效的家長日，雖然需要耗費許多精力及時間，但從過程中可以得到許多的成長與收穫。譬如班上團結心增強、氣氛和諧，可以激發導師和學生的創作能力，而全班的努力，家長也會反映在出席率上，這也是給認真的老師與學生最好的回饋。

家長日活動是親師溝通互動的第一步，家長參與家長日，看到老師的用心，就能加強彼此的友好關係，在良性循環下，自然可以建立互信、取得共識，創造三贏局面。

因此，如何提升家長日的出席率，就顯得十分重要，前面介紹的準備工作即是增加家長參與的誘因，

如精心設計邀請函、全班動員籌備活動、才藝表演、播放影片等。

　　讓家長願意出席家長日是第一要點。只有家長參與活動，親師才有機會互動了解，達到良好溝通；家長不參加，就失去舉辦家長日的意義。而設計、安排一系列活動，展現老師的用心與孩子的改變，也乘機教育家長，培養親師生三者一同成長的共識。每學期以不同主題吸引家長參加家長日活動，活動結束後，使家長意猶未盡、滿懷期待下次的家長日，這就是「不一樣的家長日」與眾不同之處。

Part 2
魔法筆記本：
四合一的聯絡簿

營造良好的教學情境，讓老師教學得以揮灑自如，學生上起課來也興致盎然，幾乎是所有老師嚮往與努力的目標。因此在課堂上建立起師生間的互動橋梁，就顯得非常重要。

傳統或印象中的教學，總是老師在臺上教，學生在臺下坐一節課，老師不走下臺，學生也不會走到臺上；老師不叫學生回答，學生也不主動發問。最後，老師自己講自己的，學生挑自己喜歡的聽，互動冷漠。這樣的上課方式，學生很容易感覺無趣，有時偷偷做別的事，甚至乾脆睡覺。因此，如何呈現活潑、多樣化且吸引學生目光的教學，考驗的是老師的功力。

「筆記本輔助教學法」兼具互動與學習，或許是不錯的選擇。回想學生時期，做筆記是最能集中精神、專注上課的方法。教學生如何寫筆記，透過技巧的傳授，讓學生專屬的筆記

本更豐富有生命力，學生樂於珍藏，每一堂課都能勤奮書寫，認真聽講，回家也能整理複習，一舉數得，何樂而不為呢？

另外，筆記本也可帶進家庭聯絡簿概念，同時兼具教科書、作業本、成績單功能，透過筆記本和家長們溝通，變成一本四合一的聯絡簿，對小孩的學習也有莫大幫助。

經由這本多功能的筆記本，家長也可了解老師的授課方式，肯定老師的用心與孩子的努力。以下是「筆記本輔助教學法」實施方式，老師可參考、運用。

一、訂正、吸收與轉化
親師生互動

　　首先全班統一購買大小為16K（翻開之後大小為8K，較B4紙稍大）的筆記本，頁數不用太多，一～二次段考換一本，視教學內容調整，這是最適合黏貼所有不同大小紙張的筆記本形式。

　　再來便是賦予這本筆記本生命力——請學生自行設計筆記本封面，讓學生對它有著充滿期待與珍惜的感情，教師須先展示範例，並給予學生充裕的時間（約一星期）製作。

設計一本專屬筆記本的封面，有幾項須注意的事項如下：

1.可在封面命名，如武林祕笈、葵花寶典第一輯……若想不出，至少寫上科目名稱。

2.須有班級、座號、姓名。

3.須有任課老師姓名。

4.可附上單元進度。

5.可吟詩作對、或寫名言、座右銘、及畫插圖，看版面美觀評分。

　　以數學科為例，提供幾幅由學生所繪製的筆記本封面作為參考。

魔法筆記本

班級：_____ 座號：_____ 姓名：_____

任課老師：_____

範例

（一）試卷大變身

　　相信每位老師在教學過程中，一定會給予學生很多的練習，或是平時測驗，最讓老師頭痛的是，學生老是將考卷亂丟、亂揉，甚至亂塞，考完試後不做整理。一旦老師要講解時，學生不是考卷不見，就是花了很多時間尋找，不僅耽延上課時間，也影響了班級教學紀律。因此，如何將大大小小的試卷做好整理，是一件很重要的事情。而筆記本的建立，第一點便是將這些試卷整理進入筆記本，不再亂丟，一本在手，勝過亂卷齊飛，且當學生複習時，便可了解學習上的盲點與錯誤類型，進而積極補強。

1.試卷的整理原則

　　首先選擇試卷紙張尺寸以不超過筆記本大小為原則，若超過B4，則指導學生裁剪或內摺邊緣空白部分，另外，黏貼工具以口紅膠為佳，膠水次之，訂書機最好少使用，有些學生常釘歪或脫落。以下為黏貼方法示範：

（1）老師可自製B5（大小為B4的一半）測驗卷或將
　　試卷裁切成比B5更小的隨堂測驗卷，即可不超出
　　筆記本大小，完整的黏貼入筆記本。

（2）B4單面橫向考卷的兩種黏法
　　a.將B4對摺分兩半，沿試卷左半部的邊緣四周塗
　　　上膠水黏貼入筆記本，右半部不塗膠水摺向左
　　　半部，如此還可省下筆記本右半面。（見範例
　　　說明1＆2）
　　b.將B4對摺，沿對摺線附近塗上膠水，黏貼在筆
　　　記本的中央裝訂線，兩側不用黏貼，則可變成
　　　浮貼模式，試卷下未黏貼的部分尚可寫下試卷
　　　的訂正、補充資料或觀念重點。（見範例說明
　　　3）

魔法筆記本

範 例 說明 1（B4貼左側）

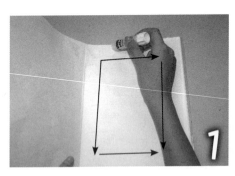

在試卷左半背面四周塗膠水

對齊筆記本左半黏貼

將左半壓一壓，右半對摺

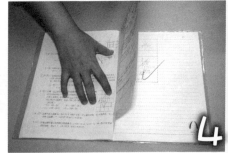

試卷右半底下可訂正或書寫

範例 說明2（B4貼右側）

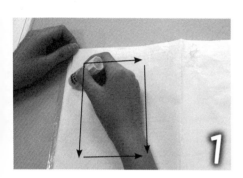

在試卷右半背面四周塗膠水

對齊筆記本右半黏貼

將右半壓一壓，左半對摺（當左半已有筆記寫東西時，便可將試卷黏貼於右半）

範例 說明3（B4貼中央）

在試卷背面沿中央線塗膠水

對齊筆記本中線向內壓貼上

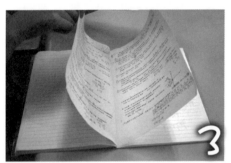

將中間壓一壓，左右摺一摺

試卷下兩邊筆記本仍可書寫

（3）B4（或A3）直向試卷的黏法

　　若為B4（或A3）直向試卷，則將筆記本倒立，由上而下浮貼，超過中央裝訂線的部分，可往上對摺再對摺，直到可放入裝訂線的上半部為原則。試卷兩側若超過筆記本大小，則將空白部分予以裁切，而裝訂線的下半部，可作為此份試卷的訂正空間或注記老師上課重點。（見範例說明4）

範 例　說明4（直向試卷的黏法）

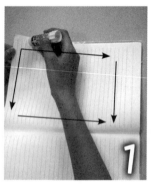

將筆記本直立，在上半部沿四周塗膠水，雙面試卷塗最上行浮貼

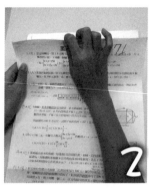

對齊筆記本上半部黏貼

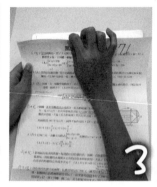

將上半部壓一壓，下半部往上對摺

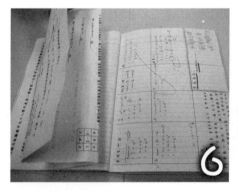

雙面試卷浮貼結果

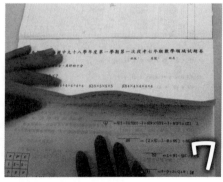

若筆記本上方已有書寫，則貼於下方

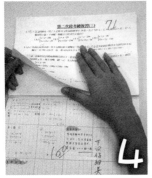 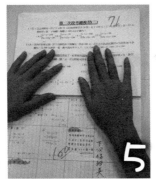

下半部往上對摺再對摺　　壓平以免闔上筆記本時，
　　　　　　　　　　　　折到試卷

浮貼之下方，也可書寫筆記

（4）整齊、清潔、美觀

總之試卷的黏貼以整齊、清潔、美觀為原則。一開始的訓練尤其重要，老師可親自指導黏貼不好的學生，或請黏貼較佳的學生一對一教導不擅長黏貼的學生，如此可收事半功倍之效。若訓練良好，學生對於自己試卷的整理將會非常熟練，不用老師煩惱。最好安排一位小組長，在發下考卷後的隔天即檢查是否黏貼妥當，學生才不會累積試卷，養成學生「今日事，今日畢」的好習慣。

2.訂正

　　既然試卷已整理進入筆記本，接下來要探討的是試卷的訂正。最理想的情況是，老師在每次測驗的隔天，便檢查學生有無黏貼考卷及確實訂正，學生可在試卷上題目旁作注記說明，或在貼上考卷後，於浮貼的試卷底頁或旁頁，畫格用紅筆訂正，以整齊、美觀為原則，建議新手老師可以親自看過一遍，以便掌握學生在此單元容易出錯的類型跟狀況，增加自己的教學經驗。

　　老師每次親自檢查是最能有效督促學生學習，然而老師需付出較大的心力，因此可安排小組長，由小組長檢查訂正狀況。未訂正好或訂正很糟糕的學生，則在上課前請老師做處理。另外，老師也可從各組抽查一本，或全班抽查五本，也就是以抽查方式達到督促的目的。或是在上課前，請學生打開筆記本，老師巡視一遍，可達到督促學生的效果。

班級經營三人行

範例

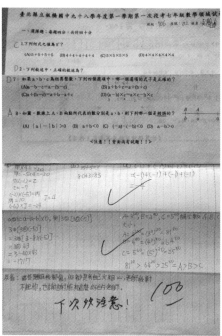

（二）如何做筆記

指導學生將老師提過的重點寫在筆記本上，或自行整理重點。透過上課寫筆記、整理重點的方式，不僅可維持良好的上課秩序，更可增加學生的記憶力，也便於課後複習。必須讓學生了解，上課做筆記是為了自己，不是為了別人，也不是拿來與其他人比較，有良好的做筆記習慣，學習才能事半功倍。筆記內容可分為兩種，一是上課聽講的筆記，一是自行整理重點的筆記。

上課作筆記並不是將老師講的內容一字不漏的抄下來，因為寫字速度永遠趕不上講話速度，逐句抄寫的結果，往往會遺漏許多內容。因此老師應告訴學生，先認真聽講，掌握重點，再以關鍵詞語速寫、串連內容，回家後再重新閱讀整理成詳細完備的上課筆記。若課堂上有充裕的時間做筆記，除快速書寫完整外，也應將老師的解釋，以簡短的字句附注在旁。做筆記並非「抄」筆記，不是拚命抄老師在黑板上寫的東西，而是做出讓自己看得懂並能有效複習的筆記。

自行整理重點的筆記則是將上課內容消化後，或

閱讀課本講義、解題後的理解心得，做有系統的整理。可以表格、樹狀圖、小邊欄等方式歸納統整，書寫時應使用關鍵用語，以方便記憶為原則。筆記本的內容完全是自己思想的結晶，因此在考前複習時，只要看自己的筆記，就可以達到充分理解、強化記憶的效果。

接下來說明筆記的書寫方式，以下是一些經驗與原則，供讀者參考：

1.字體工整

不一定要寫得漂亮，但一定要整齊、看得懂，否則就失去做筆記的實質意義了。

2.要有間隔性

字不要擠在一起，一項寫一行，而筆記本四周、行與行、題與題之間書寫時也應留空隙，便於注記說明；一大標題寫完之後，底下可留白，便於補充資料；最後單元筆記結束，可空一頁，為日後整理預留空間。

3.顏色符號

　　重點可用特別的顏色書寫，或用螢光蠟筆畫記，可讓主題更明顯，記憶更深刻，也可用特別的顏色注記說明，或善用不同的符號標明不同類別的重點。

4.整理重點並表格化

　　筆記必須是透過自己歸納思考整理而成，如果都是在抄重點，當然就和參考書差不多了！但那都是別人整理的，是別人的思考架構，自己整理印象才會深刻！

　　基本上，像數學可整理各公式用途、代表題型；社會科可整理各朝代（各國、各地）比較、事件形成原因及分類、組織圖；自然科可整理圖表、或實驗過程結果的重點；英文可整理單字表、文法重點；國文可整理較難的國字、注音、解釋或課外的成語、閱讀測驗等。

另外透過平時的閱讀、測驗、參考書等，將易混淆的觀念或較難理解、較易忘記的題型整理出來，如此可針對自己的弱點加以補強，讓筆記本發揮大的功效。老師可指導學生依不同重點類型，做不同的呈現方式，如表格、樹狀圖、綱要式、條列式、流程圖、相互關係圖等。

最後，針對勤學的學生，老師可指導其在閱讀參考書或講義時，若看到好的題型或重點歸納，不管是影印、剪貼或抄寫，均可整理入筆記本。如有時間也可指導學生於單元結束後，自己出一份重點試題卷，老師可安排時間，讓學生交互考試，以程度相近者配對為原則，測驗完畢後再將它黏貼入筆記本。

綜括來說，一本好的筆記本是心血的結晶，也是一種良好學習態度的養成，不僅對學生幫助甚大，也對老師的上課情境有所助益，因此老師應酌以評分或斟酌加分，以資鼓勵。

範 例

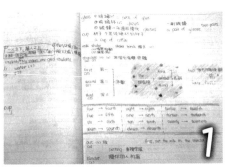

著底色、畫表格、顏色多樣，凸顯重點

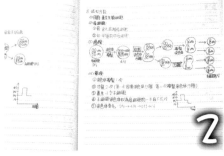

以圖表、細項作不同之比較

工整明瞭，善用空間

以表格分析不同類型

有行距間隔，可注記重點

以流程圖，精簡呈現自我閱讀重點

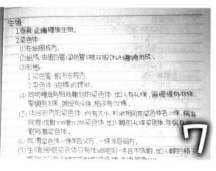

工整中以不同顏色，凸顯句中重點字

以顏色注記說明解釋，方便閱讀

（三）親師生交流

1.作業報告

　　老師在單元學習前的一節課，預告學生本單元學習目標，事先給學生時間查詢資料，在上課前給予學生上臺報告的機會，或簡易加分題，以增加本課的學習動機，以及事先預習效果，最後學生將此資料貼入筆記本，以供老師評分。

　　或在單元進行中、單元結束後，以分組的方式，進行對此單元的相關資料查詢及統整，各組上臺報告，其餘學生筆記重點，或由老師統整重點，同學記入筆記本，最後各組再將資料貼入筆記本。如數學科可查詢畢達哥拉斯的生平、畢氏定理的由來及證明方法或妙用；國文科可在教授有關諧音雙關修辭時，將學生分組，查詢廣告語雙關用法，或歇後語雙關用法，老師則在學生報告後打分數。

2.文章心得

　　為使筆記本的內容不至於太生硬，老師可蒐集與本科相關的文章，帶領學生閱讀，畫記重點後，貼入筆記本，並鼓勵學生書寫讀後心得，完成後給予加分。

　　另外，家長也可閱讀此篇文章，並簽名，若家長也書寫閱讀心得，則學生可再加分，藉此達到親師生互動的效果。

3.親師生通訊

　　為使家長也能配合老師的教學，或幫忙督促學生學習，老師可設計與家長溝通的聯絡內容，有需要時，貼於筆記本，通知家長並簽名，隔日批閱檢查，如此筆記本便也有了聯絡簿的基本功能，可稱之為「教學聯絡簿」。

　　長久以來，家長與任課老師幾乎是沒有互動的，其實，任課老師對於學生的學習狀況是最清楚的，透過這張親師生交流通訊，以專業的角度直接與家長進行溝通，效果更為良好。長期使用這樣的親師生交流

通訊，家長也可知道任課老師的用心。

教學聯絡簿的功能有：

（1）家長直接與任課老師互動與請益，確實掌握小孩學習動態。

（2）藉此教學聯絡簿功能，間接加強任課老師對學生的約束力。

（3）減輕導師工作負擔，因導師常常需要處理學生學習或心理方面的問題，並要與家長聯繫，瑣事繁雜且需溝通，因此加強任課老師的功能，相信對其教學成長有相當大的助益。

班級經營三人行

親師生交流通訊的想法是將班級經營的策略運用在教學上，以教學角度切入，不需透過導師，仍可達到良好溝通效果，但仍有一些事項需注意，比如學生頂撞老師、蹺課或放學留校寫作業等，任課老師仍須知會導師，讓導師知情，畢竟這已是脫離教學情境，屬於需要導師幫忙處理的事項了。下列有兩篇範例：

八〇一班數學科親師生交流通訊

如何學好數學

（1）先做概念理解、概念建構

熟悉老師每天教的，包括每個算式、每個圖表、甚至每個字，觀念不通是不行的。

（2）懂得問為什麼

上課專心聽，有問題馬上問。

作記號，下課馬上問老師或同學，當日問題當日解決。

回家再研究一遍，針對每條算式自問「為什麼要這樣寫」，研究好之後，可用自己的語言，將想法寫在旁邊，若不懂則再作記號隔天問。

（3）加強運算速度

數學用看的並不能增加運算速度，回家後把老師當天教的研究一遍，把算式遮起來，用筆重新列一遍，算一次，以求每個環節都徹底了解，而不是大概懂而已。

回家作業一定要親自做，才能驗證所學，並規定時間完成（10分、15分、20……），每日記錄以求專心及速度，累積小實力為大實力。

（4）推理應用

　　面對課外題，如能自己先思考最好，不要一看到馬上就問人，久了就欠缺解題能力，這是目前國中生最缺乏的能力，建議多多演算不同類型的題目，不然最起碼回家的功課講義要親自完成。為提升能力，練習課堂上老師所提供的思考題，好好享受「峰迴路轉疑無路，柳暗花明又一村」的快感吧！

（5）恆心

　　讀書貴在有恆，常常半途而廢的人必成不了氣候，也會影響到以後求職的做事態度，想要成為高手不是一蹴可幾的。愛迪生說：「天才是一分天賦加九十九分努力。」離基測時間說長不長，說短不短，送大家一句名言：「十年苦讀無人問，一朝成名天下知。」好好重新整理內在心情，發奮圖強吧！

　　　　　　　　　　　數學老師　○○○　敬上　2008.10.2

家長簽名：○○○

七〇一班國文科親師生交流通訊

親愛的家長：

您好，為培養小孩閱讀的能力，請家長陪同閱讀本班國文課所指定的課外書籍或文章，如有空也可寫下心得，有關文章心得寫作技巧列舉如下，家長可先行檢視並提醒孩子留意。

1.要能感動閱讀者（老師）

2.字跡工整（少錯字、有標點符號）

3.文辭優美（善用成語或比喻）

4.不能離題（0分）

5.要有自己的想法（可舉例）

6.要有結尾（下結論總結）

7.善利用文章重要句子發揮，並遵循以上要點，字數自然增加。

8.不要一直重複寫某些話。

小孩的進步，不只是老師的責任，希望親師生一起努力！加油！

國文老師　○○○　敬上　2008.11.16

家長簽名：○○○

二、學習與反思

在每個單元教學或段考之後，讓學生在筆記本上寫下感想或反省，及對下次段考的期許，也可書寫在其他紙張上再黏貼於筆記本，透過反省，不僅讓學生確實知道自己的缺失，作為下次進步的墊腳石，老師也可從中鼓勵學生，了解自己上課方式該如何改變，來因應學生的學習能力。此反省機制來讓老師及早建立自我反思能力，提供綿綿不絕的教學動力，再者，透過家長的意見與對小孩的鼓勵，也和老師之間建立一個互相溝通的平臺，可說是三贏。

（一）單元教學回饋

給○○老師的話

這堂○○課我的收穫是……

_____

_____

上完這堂○○課，讓我想說……

_____

_____

我想給老師的建議（優缺點均可）……

_____

_____

我期待下次○○課能……

_____

_____

班級___座號___姓名_____

範例

親愛的同學：

　　我是擔任_____年_____班_____科的任課老師

　　很高興為大家「拚命」上完了這一課，請大家仔細填寫這份教學回饋單，幫助老師更了解自己教學的優缺點及問題。請好好回想這一課的上課情形，勾選意見，謝謝！

□為單選　○為複選

1.我覺得老師的上課速度　□太快 □略快 □適中 □略慢 □太慢

建議：

2.我覺得老師的講話速度　□太快 □略快 □適中 □略慢 □太慢

建議：

3.我覺得老師的講課音量（使用麥克風後……）□太大聲 □略大 □適中 □略小 □太小

建議：

4.我覺得老師的板書
○字體太大 ○字體適中 ○字體太小 ○漂亮 ○整齊 ○凌亂 ○待改進 ○其他：_____

建議：

5.我覺得老師的教具 ○有趣 ○充實 ○太多 ○剛好 ○太少 ○待改進 ○其他：_____

建議：

6.我覺得老師的學習單
○有趣 ○充實 ○多元 ○長知識 ○太難 ○太簡單 ○待改進 ○其他：_____

建議：

7.我覺得老師的上課內容
○有趣 ○充實 ○多元 ○符合需求 ○有條理 ○讓人多動腦 ○讓人很有感觸
○還好 ○無聊 ○不合需求 ○太難 ○太簡單 ○待改進 ○其他：_____

建議：

8.課堂上讓我印象最深刻的是？

9.我覺得哪些部分上得很棒？

10.我覺得這一課可以如何上，會更好、更有趣？

11.我想跟老師說……（配上插畫也可以喔！）

（二）期中考反省

　　老師訂定反省標題，讓學生書寫於筆記本中，使學生認真反省，最好能予以評分。內容標題列舉如下，老師可斟酌選用修改：

　　1.對此次段考（如數學）成績、考試過程及準備過程的感想。

　　2.改善計畫及對下次段考的目標及期許。

　　3.給○○任課老師的話或上課建議。

　　4.如何提高班上的學習風氣或成績？

　　5.希望老師如何幫助你？

　　6.家長的話。

　　以下是學生對數學科的省思範例，提供參考：

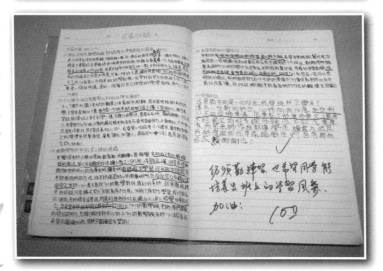

丁大同，七上第一次段考成績95分

1.對此次段考數學成績、考試過程及準備過程的感想

　　雖然這次段考的數學成績有達到目標，卻也代表下次的考試，我要更加努力準備。其實在寫段考考卷時，我滿心虛的，說真的，這次考前準備不夠充分，不但沒預習，就連複習也是馬馬虎虎，考前一個禮拜才臨時抱佛腳，看著武功祕笈──筆記本拚命讀，還好最後讓我抱到佛腳成功得分，下次我一定要好好讀書，先複習上課的內容，確定自己了解了，再去寫題目，增加熟練度，因為幸運不是一輩子的。

2.升上國中後，對數學科的目標及期許

不懂一定要當場提問，錯的題目馬上訂正，否則積少成多，最後一定會很慘……，也希望自己在算數學的時候，不要再粗心啦！要保持著一顆謹慎的心。

3.給數學老師的話或上課建議

上老師的課很有趣！老師的教法也很容易明白、了解。發給班上的講義，複習時，也很好用，一下子就找到重點。老師，真的太謝謝您在我數學方面的指導，也謝謝老師教我們「小撇步」，計算時間大幅縮短，使得我這次段考時能檢查很多遍。

魔法筆記本

4.希望老師如何幫助你？

希望老師能多教懶惰的我一些「小撇步」，我不會的題目，還請老師指導我，常給我鼓勵與支持。

5.家長的話

升上國中後，因為科目變多了，相對的孩子的壓力也比小學大得多，身為母親的我，非常擔心孩子是

否能適應。聽很多朋友說，數學在國中對小孩來說是一大考驗，不過，當有一天我看到徐老師指導小朋友做的數學筆記後，我放心了。很明顯的，老師非常有經驗，完整的筆記，不僅現在對他助益很大，三年級做複習更是一大功臣。除了內容，放學後經常聽大同談起徐老師上課的趣事，氣氛愉快。真的很感恩，我的孩子在成長過程中，有幸遇到老師您，期望在您的帶領下，孩子能夠開拓數學新視野。特別感謝徐老師的用心和付出，有您真好！

【老師評語】
題型要多練習，加強深度！相信你會更加喜歡它，更想挑戰難題！

班級經營三人行

範例

丁小雨．七下第二次段考成績93分

1.段考反省

　　這次終於考完囉！好高興噢！不過有點氣的是，填充第二題我本來對的，但我眼睛睜得不夠大，沒有特別注意後面那個括號裡寫的字，把答案算出來之後，就非常高興，沒有留意細節直接寫了答案，超級氣的！下次我一定會把每個字都看得清清楚楚。

2.改善計畫

（1）速度過慢，沒有掌握時間，常導致會寫的沒寫完。

　　　我平常在寫考卷時，做練習時，就要給自己設定時間，時間到了就要收卷對答案，這樣漸漸的才可以在時間的規範內，作答完畢，甚至還可以再檢查一次。

（2）仔細度不夠，常沒看好題目，計算出錯。

這是我認為最為嚴重的部分，因此計畫在平常要多做題目，增加我對題目的敏感度，讓自己一看到題目，就想到要用什麼方法來解題。再來就是沒看好題目，這個就是個人的細心、仔細度不夠，所以我自己要養成把問題完整看過一遍，不可以斷章取義，只看自己認為重要的幾個字！！

3.給數學老師的話

老師，說真的，上你的數學課比較輕鬆，也很好玩，而且你不會像其他老師一直趕，弄得我們一頭霧水，你會把我們教到懂為止。不過，有時候你會生氣，你知道嗎？你生氣時很恐怖，以後啊，盡量不要生氣喔！（會變老喔！）我知道你對我們班還滿失望的，因為班上有些人就是不肯讀書，成績一落千丈，讓你非常的……。希望你不要放棄我們喔！我們會加——油——的！（你也捨不得吧！）

老師，我偷偷跟你說喔，我們班就上數學課時最專心，其他就……而且很多人喜歡上數學課（我就是），你知道為什麼嗎？這是我自己的感覺，我覺得

我們上數學課時，超有精神，而且也只敢跟你打賭，上課時也只敢跟你「哈拉」，超好玩的，呵呵。

再告訴你一個祕密噢！自從你開始檢查作業，我們班一定都會在上課前寫完。但是希望有一天不用老師檢查，我們班也會自動自發寫功課。（好遙遠的夢想，不過，要相信我們班。）

老師，你最大的缺點是不愛笑，你不笑的時候，很像在生氣耶！會讓人不敢靠近耶！所以要常笑，瘋掉也沒關係噢！這樣才顯得很快樂～～哈哈！

老師，還有喔～下次再講喔～～

4.如何讓班上成績變好

我覺得很難耶！不是我對我們班沒信心，只是想學的人真的不多，有些人肯學，但不知道為什麼教了好久，他們還是不太懂，搞到最後，也不知道怎麼教了。不過，我有些建議：

（1）懂的人教不懂的人：用我們的方式，他們可以比較容易懂。

（2）如果可以的話，固定一個時間，各組選出最會教

數學的人，一節課把不懂的全部搞懂，把不會的人教到會。

（3）不想學的，就要麻煩老師多費心，因為他們只怕老師，老師可以定期針對他們測驗。

5.家長意見

老師，這次段考數學，小雨已經進步很多了！感謝老師的用心教導，美中不足的是小雨有時很粗心大意，希望小雨能記取教訓。

【老師評語】
給妳一個建議，考前二周，每二天寫一張複習卷，規定時間做完，不會的隔天問老師，如此助益甚大！

範例

孫三民，八上第二次段考成績57分

1.對此次段考數學成績、考試過程及準備過程的感想

　　這次考試比之前那幾次段考還緊張，不知道為什麼一拿到考卷就慌了，數學公式全都從腦袋裡消失，導致有一些題目沒寫完。不能把忘記當藉口，只能說沒有多加練習、熟悉題目，造成這次考得不理想，但已經抓出考不好的原因，下次會改進這些缺點。

2.升上國二後，對數學科有何目標及期許

　　上國二後，數學明顯跟七年級的數學觀念不同，所以接下來的課業漸漸加重，但功課了解與否端看個人願不願意用心，沒有讀書是無法提升成績的。這一次段考並沒有認真的練習數學，但經過老師提醒後，我會努力搶救課業，如果再不用功，我想數學這科會永遠不及格。我的數理方面或許不是很好，但我相

信，只要下工夫就有分數。

3.未來方向？職業？

我希望能夠盡量減輕家裡負擔，所以會以公立高中為目標！對未來想從事的職業倒是沒想太多，我希望是跟設計有關的工作。不過很多設計工作，都需要運用數學運算，所以我要加把勁！

4.給老師的話或建議

這幾天一直被訓話，說實在的，心情不是很好，但也沒辦法，就怪我們太不認真。每次課堂上，老師教我上臺解題或念題目，心情總是怕怕的，深怕做不好。所以看課表有數學課的時候，心情很不舒坦，真希望能夠恢復七年級一起吃蛋糕、一起打球，那段歡笑的時光！

5.家長的話

　　「分數」不代表一切，但卻可以從「分數」得知上課學習到底吸收了多少？這些上課所學的知識，會影響一個人的內涵與品行。

　　媽媽希望你能把在學校及老師所教的，一一吸收，讓自己就像洋蔥一樣，當別人一層層剝開，愈發現你的內涵及豐富的知識！

　　愈不喜歡的科目愈去挑戰它、戰勝它；遇到挫折更要面對它、克服它，就像是你玩的電腦遊戲一樣，必須層層過關後，才能達到最後的勝利！

　　用功讀書是身為學生的你應盡的責任，也是對自己負責的一種行為。讀公立高中不是為了能夠省錢，而是你對自己課業的能力付出多少心力？你對自己的期許有多少？當你面對每一件事情都盡心盡力去做，不管結果如何，都能夠坦然的面對，自己在心理面也會有成就感的！加油！相信你做得到的。

【老師回應】
今日教，今日複習，隔天發問，這是最佳的學習模式，把學習態度找回來！加油！

範例

蔣四德，七上第一次段考成績24分

1.對此次段考數學成績、考試過程及準備過程的感想

　　第一次的國中段考，我好緊張，緊張到胃痛，如何準備考試，我還不了解，但是在過程中，我終於認清自己，沒有實力，如何應付國中課程，我痛下決心，向過去貪玩的自己說再見，下決心苦讀。

2.升上國中後，對數學此科有何目標及期許

　　我的程度太爛了，我想能夠跟上同學，不要落後別人太多，總之我會加油的。

3.給數學老師的話或上課建議

　　老師教的數學已經好的沒話說了，是我領悟力太差，老師鼓勵我的「一勤天下無難事」，我會謹記在心，盼用勤能補拙來加強。

4.希望老師如何幫助你

　　我再努力看看，因為我會緊張，我已經下定決心，改變自己過去懶散的求學態度，克服對數學畏懼的態度，勤練數學公式，希望在第二次段考就能看到成績。

5.家長的話

　　四德是一個外表文靜，其實內心非常倔強的小孩，除非他親口答應，否則很難勉強他，我們曾經用高壓的方式，但他總會在之後大病一場，這個孩子挺難帶的。開學這一個多月來，孩子在家裡哭了六次，為自己的懶散貪玩流下懺悔的眼淚，而且在準備段考的過程中，他忽然醒悟，沒有實力如何應付國中的功課，他終於痛下決心，願意努力地學習他的課業。孩子二歲的時候，我們曾遇過一位耆老，跟我們提醒一些有關孩子的教育和發展的事，然而孩子的求學態度敷衍，一有壓力就打哈欠，讓我猶疑也令我們擔心，然而總在徬徨的時候又會遇到好心人做相同的提醒，這對我們真是非常有趣，也很神奇的經歷，於是我們

耐心地等待，期待遇到讓這顆石頭開竅的良師，我想我們遇到了。在老師諄諄善誘之下，孩子有了很大的轉變，也不再沉迷電視，我們欣喜看見孩子的成長，四德是一個不輕易許諾的人，相信他會說到做到。我們非常感謝老師，對孩子的包容和啟發，我們也會陪孩子一起努力。

【老師評語】
只要有心，終有成功之日，知道小草如何在縫隙中求生存嗎？

李五育，七上第一次段考10分

第一堂課的感想

　　我的名字叫李五育，對於數學，我是覺得有時難有時簡單，但我還是努力的學，希望能夠更加進步，以後我希望數學能夠讓我覺得簡單，容易學，功能也進步許多。數學給我的感覺就是「難」，但我也不是不喜歡數學，有的單元喜歡，有的不太喜歡，很少覺得數學真的好簡單，所以我對於數學都是這樣的感覺，不知道上了國中會不會真的讓我覺得「好簡單」、「好容易就會了」呢？

　　老師我覺得你好有趣，希望每天上數學課都很快樂，我也希望老師能夠讓班上不喜歡數學的同學們，變得更愛數學，不會讓我們害怕跟不上進度，當然我也會一起努力的啦！加油！加油！加油！

魔法筆記本

1.段考反省

　　可能是自己的努力不太夠吧！雖然拿到考卷，嚇了一跳，但我還是忍著，睡午覺醒來還是一樣裝快樂，但腦子裡想的都是那張慘紅的考卷……真的真的是自己的努力太不夠了，我一直希望自己能夠有所進步，但是……這個願望不知何時才會實現，我有很努力的學，是我的反應比別人還要慢嗎？還是其他的原因……

2.今後努力的目標，如何提升班上數學

　　每人都努力，不會的努力學，會的教不會的，大家要一起前進，朝著共同的目標一起努力，老師也要和我們大家一起加油，大家有同樣的信心、努力，我相信再過不久，我們班的數學就會提升了。希望老師也要和我們一起努力，加油。

3.給數學老師的小祕密

　　老師，您很用心，笑話也很有趣，但不要給我們太大的壓力，讓我們上一堂快樂的數學。老師，您對

我們很好，不會罵人，而且您也很有趣，真希望您能夠一直下去，也希望您的活潑也可以一直下去，哈！

4.家長的話：

　　數學是一門很靈活的科目，也許孩子在某一個環節無法理解，但並不代表不努力，我和孩子都會一起檢討，也請老師再一次為孩子解開疑惑，讓她進步，也許對數學就會有興趣了。

【老師評語】
持之以恆演算，不可以放棄它，和它做朋友，摸清它，自然慢慢就會進步，加油！能從谷底裡爬起，才是真勇敢！

透過這樣的期中考反省，不但可了解學生想法，也可與家長溝通。有些考得好的孩子，也明白學無止境的道理，了解檢討的重要性；即使孩子考得不理想，但是透過反省，老師能掌握學生的學習態度正不正向、家長對孩子的關心程度，進而與家長、學生達到彼此交流、正向回饋，藉此調整學習態度與方法。久而久之，形成良好互動，親師、師生間也能像朋友一般，提出諍言，一同進步。

透過來自學生的建議，老師在調整教學方式，或是掌握學生想法及班級狀況，會更有效率。同時學生若養成時時反省，日日檢討的習慣，相信不只是學業能有所進步，對於人格及為人處世的修養上，也會有相當程度的幫助。

班級經營三人行

以下是數學科數學小老師許一心同學，三年來從自身的角度對自己學習的反省，及協助班級、同學的建議的實例。由此心路歷程，可以藉此窺見，透過不斷反思，不管是在學習的陶冶，或是與老師的互動上，均有著正面的影響。

七年級上學期第一次段考90分

1.自我反省

　　這次的考試錯得很不應該，老師都已經講過了，還錯，很可惜。不過經過這次的考試後，我已經有了一次經驗了，下次還要更努力。粗心，是一個超大致命傷，只要我再加油，下次一定可以更好。仔細檢查，遵守那不二法則，有些題目要做仔細、看仔細，才能得勝，還有進步的空間。

2.給數學老師的話

　　謝謝老師這一個月的教導，謝謝您！雖然我有時會粗心、犯錯，或不了解，老師您都為我解釋地非常清楚，謝謝！老師您上課方式有趣，讓我覺得不枯燥而生動，開始讓我喜歡數學，若科學營的問題有些不會可以去找您嗎？謝謝老師！

班級經營三人行

3.給班上的建議

　　老師您可能要多多注意重點人物加強特訓，我們數學可以再多做一點題目，不要太多，或是加強練習，反覆練習。老師您題目可再出活一點，深入生活。

【老師評語】
妳是個努力乖巧的小孩，只要加強活用題型，便可進步，可自行買書閱讀，或是跟老師借書參考。

七年級上學期第二次段考94分

1.段考反省

　　這次的數學段考考得還可以，不過可以更好，錯了不該錯的題目，真不應該！這次不難，只是自己的不小心、疏忽，要力求進步，希望我自己能再補充自己，增加熟練度，就不會發生這種錯誤。細心加上小心，就能持續進步，要練到心無旁騖，泰山崩於前，不動聲色。經過每一次段考都能學習很多，我還要更充實自己，細心一點就不會錯了，期許下一次的進步。

2.給數學老師的話

　　老師謝謝您細心的教導，不過我覺得還是有很多人是處於「拉拉隊」的危險中，希望老師能想出更好的辦法來幫助他們；老師，您活潑的教學，使我受益良多，謝謝！開始讓我覺得數學比國文簡單，從沒這樣覺得，這得歸功於老師好的教導。最近老師都不常笑，好像都繃著臉（個人感覺），老師您要多笑一

班級經營三人行

點，才不會被時間給追過了，又多了一條魚尾紋，「每天三大笑，包您健康沒煩惱」，哈！哈！哈！

【老師評語】
感謝妳的關心，另外隨著課程加深，妳要多聽老師分析，講義認真寫，不懂拿來問，自然能維持水準之上。

七年級下學期第二次段考88分

1.對此次段考數學成績、考試過程及準備過程的感想

在考前其實該寫的考卷、題目都練習了，只差沒有每天固定做題目，以至於計算不夠快速，不夠熟練，練習的量不夠大，再加上有不懂的題目沒有馬上問，積到考前，驚慌失措。考試時，一慌反而速度更慢，一時摸不著頭緒，塗塗改改，檢查時還沒想清楚就又塗又改，結果塗改完後發現原來的才是對的，結果計算題檢查完，時間只夠再檢查一些填充題。追根究柢，就是我應該多做練習，不會的題目要馬上問，考試時才不會一開始就緊張而錯誤連篇，但正因為有了這些經驗，我更了解自己該克服的地方，及需要修正的做法。

2.給數學老師的話或上課建議

從七下一開始，就發現您對我們班又更加用心指導，上課也更加多樣化、自編講義……，除了耐心教

導外，還想方設法幫助許多比較不會的同學學習。雖然我們偶爾會讓您生氣，但您還是不辭辛勞。雖然您有時說話有點重，但您的教學，真的淺顯易懂，真的很感謝您！努力提拔我們，我們也不會讓您失望的。還有希望老師對男生嚴格一點，不寫作業的要重重處罰。

【老師評語】
把數學當家常便飯，每天算，才能突破瓶頸，不緊張，加油！

八年級上學期第二次段考97分

1.段考反省

　　這次已進步許多，但還是要更小心、細心、學習，要愈來愈好，精益求精，平常要更專心、用心、幫助班上較落後的同學進步。一題一題要慢慢仔細算，速度要快，但正確率也要提升，而我覺得我越對數學越有興趣，不懂要勤去問、去算，這樣子才能在數學上有穩定的成長。

2.給數學老師的話

　　謝謝老師在這次辛苦的教導，雖我們有時會惹您生氣，但您從不記恨，反而更用心地教學，謝謝！而我有時會沒有很專心，可是我會繼續加油！我們班上的數學成績可能不盡滿意，我會努力想辦法幫助班上成績，更努力督促同學，讓班上提升一些。希望老師能不要放棄我們，更有熱情，謝謝老師！

【老師評語】

妳已做得很好了，現在要讓自己成績更穩定，而我也會開始對付那些瀕臨放棄、打混的人！

八年級下學期第二次段考100分

1.段考反省

　　這次的題目雖然比較沒有那麼艱深，不過都是需要細心、思考的。我的觀念有些還是沒有那麼正確，還是要加油！這次的時間比上次充裕一點，所以才有時間可以做總複習，不過這也看出來，數學是需要多多練習，好好做題目，下次要更加油！再努力！

2.給數學老師的話

　　老師您辛苦了，每節都要拿圓規畫啊畫的，手一定很痠，數學難度越來越高，老師您的辛勞也越積越多，老師真的很謝謝您，我真的從您身上學到很多，老師您真的對我很好，我也要多拿題目來問您，才能增進我的數學能力，謝謝您！更感謝您不時地鼓勵我，促使我成長，我會更努力地學習！

【老師評語】
學習是一輩子的，但願我們是一輩子的好朋友！老師也相信妳日後必有所成就！

班級經營三人行

九上教師節前夕，對自我期許暨給數學老師的話

老師，謝謝您平時對我的照顧，在我學習低落時安慰我、鼓勵我，有問題時為我解答。雖然您不是我的導師，但是我覺得您已經算是一半的導師了。因為您不僅矯正我的學習態度，還幫助我規畫學習方式，我對您的感謝，絕非三言兩語可以涵括。

您的人生哲理、教學態度，我都會謹記在心，有您這位數學老師，我覺得非常幸運，也因為有您，我的國中生涯既充實又充滿樂趣。也許我的數學不是頂尖，但我會更努力學習，不辜負您的諄諄教誨。或許，我只是您眾多學生中的其中一個，但能成為您的學生，我真的覺得很開心！

魔法筆記本

在這一年，仍需要您的提攜幫助，讓數學這一科不致成為絆腳石，而是我的一大助力！目標前進○○學校！

祝您教師節快樂　學生一心 敬上

九下畢業前夕‧給數學老師的話

老師，當了您三年的數學小老師，雖然很累又要帶頭學習，但我真的從中學到很多。當老師的學生真的很幸福，每天都有數不盡的歡笑和意想不到的驚喜，也許我沒能讓老師在第一次基測，就看到我有考上○○學校的可能性，但我會一直努力努力，直到我達到夢想為止（當考古學家）。

三年下來，我從老師對教學的熱忱，學到了正向的學習態度，也佩服老師對數學的規畫能力，讓我的筆記本既豐富又有生命力，並透過不斷反省，讓我的數學能力與做事方法持續增進。

您在課堂上所帶給我們的，不僅僅是數學知識，還有許多道理與歡樂。我的個性散散的，想必帶給老師很多麻煩吧！對不起！或許多年後，老師已經不記得我這個學生，但我會永遠記得您 —— 這個帶著台南腔的數學老師！

PS：我會常回來看您的喔！

學生 一心 敬上

※補充說明：此生連平時考也都有做自我反省，已將反省養成習慣，實屬難能可貴！

透過具有學習與反省功能的筆記本，可增加師生間教與學的互動，在教學上，確實有加分作用，對於班級教學，乃至班級經營管理，更能得心應手。老師也能藉著與學生的互動，從中了解自己教學的盲點，經由師生不斷的教學相長，相信老師會更樂於教學，學生也能在學習中得到樂趣。

班級經營三人行

（三）期末總檢討

　　由於期末考結束之後，緊接結業式，任課老師與學生的互動可能就此告個段落。因此，在期末考之前，任課老師可自製反省單，讓學生書寫後，貼在筆記本上，在考前一星期收回，並評分完畢後發還給學生。反省單範例如下：

範 例

我是＿＿＿年 ＿＿＿班 學生＿＿＿＿＿

1.對於○○這一門科目，你認為它：

2.這一學期來，當然○○難度已經逐步增加，自認為對於○○有何改
　變？

　　A.成績：□進步　　□尚可　　□退步

　　B.興趣：□增加　　□尚可　　□退步

　　C.用心程度：□增加　　□尚可　　□退步

　　D.態度看法：□很能接受　□慢慢接受　□仍然害怕

　　　　　　　　　□更害怕　　□不能接受

3.對於○○老師的上課方式、說話、音量、板書……等，你認為有什
　麼優、缺點？（請盡量寫缺點。）

4.上了一學期的的○○課，試給自己一個評語：

5.如果滿分是100分，試著給○○老師打一個分數吧！

6.給○○老師的一些話，心裡的話，談心的話
　　＊＠＃！＆？★☆●⊙□◆……

(PS：寫愈多愈好，不要省原子筆水，但請用心寫，不要亂塗鴉！)

最後　祝

　　　寒假愉快、新年快樂、
　　　天天快樂、期末考順利！
　　　GOOD LUCK TO YOU☆

範例

我是＿＿＿＿＿＿＿＿，經過這一個學期的相處，

我想要告訴 ○○○老師：＿＿＿＿＿＿＿＿＿＿＿＿＿讓我好開心。

老師說＿＿＿＿＿＿＿＿＿＿＿＿＿＿＿讓我好有成就感。

對於○○這一科：

＿＿＿＿＿＿＿＿＿＿＿＿＿＿＿＿＿＿＿＿＿＿＿＿＿。

我很珍惜這一學期上○○課的回憶有：

＿＿＿＿＿＿＿＿＿＿＿＿＿＿＿＿＿＿＿＿＿＿＿＿＿。

我覺得老師是個：

＿＿＿＿＿＿＿＿＿＿＿＿＿＿＿＿＿＿＿＿＿的人。

我希望在老師心中，我是個：

＿＿＿＿＿＿＿＿＿＿＿＿＿＿＿＿＿＿＿＿＿的人。

老師總是

＿＿＿＿＿＿＿＿＿＿＿＿＿＿＿＿＿＿＿讓我好感動。

雖然我常常 ＿＿＿＿＿＿＿＿＿＿＿＿＿＿＿ ，但是老師 ＿＿＿＿＿＿＿＿ ，

這讓我感到 ＿＿＿＿＿＿＿＿＿＿＿＿＿＿＿＿＿＿＿＿＿＿ 。

我最喜歡老師 ＿＿＿＿＿＿＿＿＿＿＿＿＿＿＿＿＿ 的時候，

因為 ＿＿＿＿＿＿＿＿＿＿＿＿＿＿＿＿＿＿＿＿＿＿＿＿＿ 。

給老師上課的建議：

＿＿＿＿＿＿＿＿＿＿＿＿＿＿＿＿＿＿＿＿＿＿＿＿＿＿＿＿＿＿

在我沮喪的時候，老師曾說 ＿＿＿＿＿＿＿＿＿＿＿＿＿＿

＿＿＿＿＿＿＿＿＿＿＿＿＿＿＿＿＿＿＿＿ 來鼓勵我。

我最喜歡老師上的 ＿＿＿＿＿＿＿＿＿＿ （第 ＿＿＿＿＿ 課），

給我的感想是：

＿＿＿＿＿＿＿＿＿＿＿＿＿＿＿＿＿＿＿＿＿＿＿＿＿＿＿＿＿＿

我還有好多話（祕密），想要告訴老師：

＿＿＿＿＿＿＿＿＿＿＿＿＿＿＿＿＿＿＿＿＿＿＿＿＿＿＿＿＿＿

一本好的學習筆記本，不僅可設計成有成績單、作業本的樣式，還能幫助學生歸納整理教學內容，兼具教科書作用，更可養成學生的勤學習慣，營造出班上的良好學習風氣，從中建立起親師生互相溝通的平臺，達到類似家庭聯絡簿的功用。老師從中培養學生的上進心，學生進一步體會老師的苦心，家長同時了解老師的用心，一本好的學習筆記本是可以發揮的額外最大的功能。

班級經營三人行

魔法筆記本

Part 3
另類的表格：
記錄歷程的學習檔案

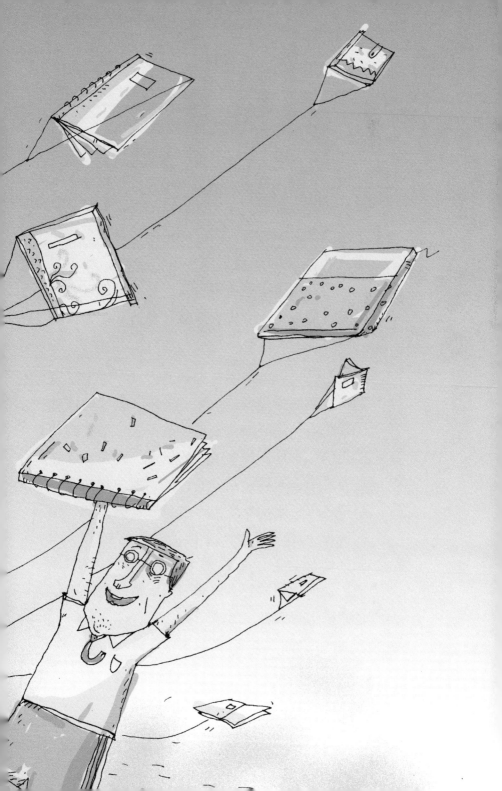

學習表格（表1）是把平時評量方式、過程或成績，登記在這張表格，等同於記錄學習歷程的一種學習檔案。透過表格的呈現，來提醒學生注意平時表現，爭取得分的機會。再者，家長也能從中清楚老師平時評量成績計算方式，定期審視孩子的學習概況，不僅可以督促學生，也減少親師生對成績計算方式，因欠缺了解所衍生的誤會及衝突。

　　老師可思考以因材施教的方式，訂定平時評量成績的給分準則，如此一來，低學習成就的學生可藉由平時表現獲得成就感，培養學習的自信心；而高學習成就的孩子，也會養成在各方面努力，以及互助合作的習慣。在教育過程中，學生若能培養出不放棄學習的精神，也較能融入教學情境，更能激發學習動力。因此，一份好的學習表格，應兼具過程透明易懂，並與教材內容、教學目標或教學策略等結合多樣化的功能。

學生平時評量成績，分為兩大類別，一是課堂表現，二是考試成績。其中課堂表現，可再分成筆記本、心得報告與反省、分組競賽、個人學習表現四大項，而考試成績則細分平時小測驗、大測驗成績兩項，以每次定期成績考查時間作為登記範圍，同時將學習表格黏貼於筆記本的首頁，方便登記與檢閱，以下將詳盡說明。

表1

第　次　○○科　平時成績記錄表　　標準：＿＿＿分　　　年　班　號　姓名：＿＿＿＿

(一)課堂表現：① 【筆記本】評分項目為筆記內容的工整與豐富性，試卷的整理與黏貼，滿分100分。
②　【心得反省】評分項目為文章心得報告與段考反省的認真度與豐富性，滿分100分。
③　【分組競賽】以80分起算，一次競賽最高得5分，共四次（彈性調整），滿分100分。
④　【學習表現加減分】以上課表現、訂正、回家作業，努力程度為來評分，一次一分。

① 筆記本	② 心得、報告、反省	③ 分組競賽(80分起算)		得分	(①+②+③)÷3±④
					總分：
		1	2	3	4	A＝總分×50%

④ 學習表現		1	2	3	4	5	6	7	8	9	10	11	12	13	14	15	16	17	18	19	20
	加																				
	減																				

(二)考試	1	2	3	4	5	6	7	8	9	10	11	12	13	14	15	B＝小測驗平均×20%
小測驗範圍 (藍筆)																
成績																

大測驗範圍 (紅筆)														C＝大測驗 平均 × 30%
成績														
家長簽名														平時成績 ＝A+B+C
PERFECT！100														負責人簽名
VERY GOOD！90														
GOOD！80														
保持下去！70														家長簽閱 與意見
繼續努力！60														
要及格了！50														
加油！40														
讀書！30														
20														
10														

一、課堂表現（**A**）

另類的表格

　　平時評量成績的計算，除採計平時測驗外，課堂表現的成績評量（表2），更能提高學習動力與帶動上課學習氣氛，也能讓學生在平時便有所警惕。畢竟各種評量透明化，表現加減分隨時登記，而家長也可清楚學生在校表現，而非只是被動的從班級聯絡簿知道學生考試成績。這一張可看出學生各種表現的學習評量表格，老師可視班級狀況不同，自行調整表格內容、評分，以施行方便為原則，精神在於多樣化的評量，以區別單調的考試評量。

表2

(一)課堂表現：① 【筆記本】評分項目為筆記內容的工整與豐富性，試卷的整理與整理與黏貼，滿分100分。
② 【心得反省】評分項目為文章心得報告與段考反省的認真度與豐富性，滿分100分。
③ 【分組競賽】以80分起算，一次競賽最高得5分，共四次（彈性調整），滿分100分。
④ 【學習表現加減分】以上課表現、訂正、回家作業、努力程度等評分，一次一分。

項目	得分	(①+②+③)÷3±④
① 筆記本　90／80　平均85		
② 心得、報告、反省　80／86　平均83		
③ 分組競賽（80分起算）　1→5　2→2　3→0　4→4	91	總分：(85+83+91)÷3=86　86+9-6=89
④ 學習表現　加 ☺（1…10…20）　減 ☹（1…10…20）	20 / 20	A=總分×50%　89×0.5=44.5

（一）筆記本

　　在第二單元已說明筆記本的製作方式，因此可針對筆記本內容酌以評分，作為學生平時做筆記的肯定。

1.評分原則有三項

（1）封面設計

　　封面設計代表學習的開始，也賦予筆記本生命力，評分標準以創意、美觀為原則。

（2）試卷黏貼

　　以整理整齊、不雜亂、不缺卷為原則，若有書寫訂正更佳。

（3）筆記內容

　　以觀看內容的謄寫整不整齊、豐不豐富，色彩運用是否多樣與重點整理是否清晰、用心為原則。

2.評分方式

　　老師可將「封面設計」評為第一個分數，在「筆

記本」項目上，打下第一個筆記本分數，將「試卷黏貼」及「筆記內容」合評為第二個分數，在「筆記本」上，打下第二個筆記本分數，最後將此兩個分數予以平均，作為「筆記本」的分數（如表2）。老師如果時間充裕，可依自己時間調配（如每一～二周），批改多次筆記本後，再將這些成績平均即可。

（二）心得、報告與反省

老師可發文章寫閱讀心得、給主題作報告或呈現作品，段考後書寫反省等，有幾次便在「心得、報告與反省」欄位上記錄，最後再加以平均即可。

評分原則，老師可規定基本形式，再輔以內容的完整性、豐富性及用心程度來斟酌給分。

另類的表格

（三）分組競賽

1.分組競賽的意義

　　利用分組，讓學生學習如何團隊合作，達到每人一起帶上來的效果，而小組長也需傾聽別人的意見，並歸納統整組內意見，無形中可訓練學生說話、做事的技巧與能力。藉由整學期中不固定同伴的分組，除可增加同學間互動外，更能促進班級互動，如果每位同學都能見賢思齊，見不賢而內自省，不僅可給予每位同學獨立學習的機會，同時也可刺激老師教學，讓教法更活潑，何樂而不為呢？

2.分組方式

　　由老師掌控分組，組內有男有女，能力不一，但每組實力相當，如此組與組之間競爭激烈，學生積極度必會提升，原則上，可將學生分成六組，每組五到六人，每組成員按上次段考成績高低依序編一至六號，每組一號擔任該組組長，二號擔任副組長，每組編號相同的同學實力相當，例如：先選取段考成績最

高的六名同學，分別擔任各組一號，再來選取分數次高的六位同學，擔任各組二號，老師可根據各組男女比例及學生組合特質（較活潑外向的不宜編入同組）將其排入適當組別，各組依序編完六號，如此一來，各組實力接近，不會不公平，更可根據題目的難易度，挑選各組別編號相同的同學，一同競賽，例如：老師可出一道問題，請各組五號搶答；或出同類型的問題，請各組五號上臺演練。如此可達到「我也能為團體盡力」的使命感。因此分組分得好的話，必能增加同學的榮譽心，達成積極求學的態度。

3.分組座位安排

　　將全班座位以分組活動方式，每五至六張桌椅合併，於上課前排好，各組組員並依編號安排座位，如下所示：老師需注意座位的安排也是很重要的喔！若老師要方便分組活動的進行，也可至理化實驗室上課，如此，有大桌子便不用忙於桌椅的合併。

　　原則上仍依編號、性別、學生特質入座，如下圖所示，例如：1、2號分開坐兩旁，旁邊才能教導同

學；考慮性別的話，比較低成就的女生，旁邊需安排女生教導，男生旁則排男或排女較無所謂；喜歡講話的同學旁邊要安排比較安靜或是較嚴肅的學生，老師可依學生特質安排。

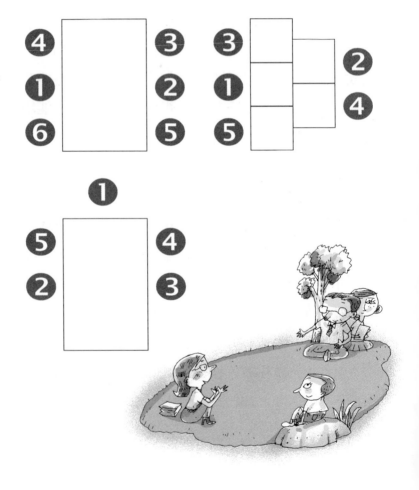

班級經營三人行

4.分組的計分方式

　　原則上，一次段考前可設計四次分組競賽，分組競賽形式，老師可妥善運用分組編號的優勢，自行設計單元分組活動，凡於活動期間發言、答題正確、考試優良、整組團結合作表現優良，均可為該組得分；但若愛講話、沒帶上課用品、學習態度差、不遵守規則，則為該組扣分。每次分組競賽總結成績第一名得五分，第二名得四分，第三名得三分，第四名得兩分，第五名得一分，第六名得零分，四次競賽總分最高二十分，加上基本分80分，便是滿分100分，各組成員分數相同，不因編號不同而有不同分數，若時間不允許，老師可濃縮次數，重新配分，但仍以80分為基本分，以免因分組不合群而影響個人成績太大。

5.分組的實施時間

　　分組教學並不一定每堂課都需要使用，也不一定要實施多次，它是刺激教學活潑化的一項武器，使教學不再呆板，好好運用，連學生都會期待呢！例如：

（1）國、英、數、理等節數較多的科目，可以每星期

實施一次，若有一天有兩堂課的時候，當天實施更好，以兩節課做完一次分組活動。

（2）而節數較少的科目，則可設計在適當的單元作適當的分組活動即可。

（3）另外任課老師也可自行安排自己上課時學生的座位，不需搬動桌椅，同組的同學坐在附近或坐同一排，如此教學與分組同時並行，每節課隨時都可累計小組表現成績，直到一次競賽或一單元結束，統計名次後再重新開始另一次分組競賽。

6.設計不一樣的分組競賽

利用編號的特色，也可設計另類的競賽活動，將全班座位分成六排，每排六個，一組坐一排，靠黑板最前面坐六號，依序遞減往後到最後一個均為各組一號，如此便完成了各排競爭的座位安排，直排為同一組，橫列為同一編號。

（1）分組接力賽

以國文科為例：老師可設計一張一百題的國字

班級經營三人行

注音考卷，各排一張，由六號開始寫起，準備鬧鐘，每五分鐘到便向後傳遞，由五號接力續寫考卷，依序下去，每人五分鐘，共三十分鐘結束，並批改該張考卷成績，最高分的組別即為優勝。

　　注意事項：

a.後寫考卷的人，可以修正前面的錯誤。

b.老師應影印每人一張相同考題的考卷，競賽時，各組已接力完的同學，老師即可發下該份考卷，讓同學研究並書寫，以免無所事事；而尚未接力的同學，則應安靜複習該考試範圍，以準備接力。

c.老師亦可訂定不同的編號給予不同的考試時間，例如：各組編號六號給十分鐘，編號五號給六分鐘，依序遞減，依程度不同，給予不同的思考與書寫時間，如此可增加比賽的刺激性，並發揮團體努力，帶動一起念書的風氣。

（2）分組菁英賽

　　以數學科為例：老師可按分組編號將一份單元試卷分成六種等級，亦即設計六種不同等級的考卷，分組編號相同的學生，坐在同一橫列，書寫同種考卷，每人考試時間三十分鐘，最後結算成績時，將分組編號相同的學生依分數高低排列名次，按名次給予分組成績（如：第一名給六分，第二名給五分，依序下去），最後再加總各組成員的名次得分，按總分決定此次競賽的分組優勝名次。

（3）為提高對分組競賽的興趣及重視，老師可請擅長美工的同學在一、二星期前，製作好海報，張貼於教室大門（協助製作的同學可在個人平時成績加分），或分組競賽前，先來個隊呼競賽，列入競賽成績，以增加趣味性。

另類的表格

範例

7.分組的優點

利用分組教學，可以革除傳統教學只重視成績優異的同學，而忽略學習成就低落的同學的弊病，其目標乃在將每位同學的興趣一起帶上來，不是分數取向，因為不管功課好或功課差的學生，均有機會搶答、發表、討論，會的教不會的，不會的則慢慢有起色，當學習態度提升時，則同學的差異性降低，成就感便慢慢提升，放棄的人也會變少。此外，尚可避免掉因同學自行分組而造成排擠同學或不公平的狀況發生，達到團隊合作的精神。

綜合以上，分組教學的目的，主要在於可以訓練學生獨立，藉由合作學習，開發其興趣，養成積極求學的人生態度，同時老師也可以透過這樣的學習過程，會發現學生的各種可塑性，何樂而不為？而分組教學並不一定每節都要用，老師可以選擇在適當的單元作適當分組，這樣的教學更富有多樣化！

班級經營三人行

（四）學習表現

　　為兼顧學生在課堂上的學習態度表現，特別列出「學習表現」這個欄位，作為個人學習的加權分數，最多加減各20分。用意在於多鼓勵平常表現優良的同學，而非只有紙筆測驗，學生也會因為有這項屬於個人表現的成績評比，會更強化在上課時的積極度。

1.加分項目

　　請小老師準備一張成績登記表，將每堂上課發言、認真聽講、勤作筆記、隨堂考試過關、幫助同學及協助老師等同學，次數確實登記下來，累積五次及可加一分；另外，訂正確實、考試達到個人標準，或上課有優異表現、對班上學習有重大貢獻者，則一次加一分。老師可對加分得分多的同學給予適當的獎勵，相信對班上教學互動更有幫助。

2.減分項目

上課聊天講話、沒帶用具、沒寫作業、訂正馬虎、家長未簽名、考卷遺失，或影響班上學習秩序者等，一次扣一分。

3.經驗分享

（1）老師應在第一堂課時，便與學生溝通訂好遊戲規則，讓學生知道加減分的原因，而老師可依教學現場情況，自行決定是否該加減分。

（2）對於試卷訂正加減分一次一分，若次數少，老師可每次檢查有認真訂正者給予加分，亂訂正者給予扣分，若試卷多，則可抽幾次檢查即可，以免增加負擔，或是只看考試未達標準之學生其訂正即可。

（3）老師在登記個人加總分數的各項成績時，最好是另行準備一個有圖案的印章，使用上會比較方便，也避免以打勾方式被仿效。

（4）筆者的經驗是於每堂上課前，小老師會請沒帶用

具、沒寫作業或抄作業的同學起立，等待老師進
來再裁示處罰方式或扣分；課程進行中的個人表
現加減分，則可請小老師登記，或老師於黑板上
列表加減分登記座號，最後等課堂告一段落，或
下課後便請這些被登記加減分的同學帶著表格出
列，老師很快的蓋完加減分，既快速也不會干擾
上課進度。

（五）計分方式

　　綜合上所述，「課堂表現」占平時總成績50%，計分方式為先算「筆記本＋心得、報告、反省＋分組競賽」的平均，再加總「學習表現」後，乘以50%，這樣做的理由，是為凸顯平時學習表現加減分的重要，若加分多的話，有可能乘以50%後會超過50分，但幅度不大沒有關係，鼓勵為重，老師只要規定最後總分最高為100分即可。另老師也可因班級整體素質不同，自行調整各項計分比例，若因加分比例很高，則老師可將「筆記本＋心得報告反省＋分組競賽＋學習表現」合併平均除以三，抑或規定「課堂表現」最高總分為50分即可，只要老師熟用本表格，即可自行調整運用自如。

另類的表格

二、筆試成績（B+C）

　　此項成績即為學生的考試成績，分成小測驗平均與大測驗平均，其中小測驗占20％，大測驗占30％，共占總成績的50％，兩項合起來即為筆試成績（表3）。

　　老師可隨班級程度不同，自行調整小測驗與大測驗成績占筆試成績的比例。

（一）小測驗成績B

由老師自行命題，以基本、簡單，測驗時間約十分鐘，最多不超過二十分鐘為原則，次數可以比較多次，老師可於早自習或每堂課上課前實施。目的在鼓勵同學回家複習，也能藉小測驗平均來提升自己的平時成績。此項成績占筆試成績的20％。登記時，應寫出小測驗範圍、單元名稱及考試成績，並用藍筆登錄。

（二）大測驗成績C

老師可設計一單元或多單元的複習卷，當作一次大測驗，當作大測驗；若大測驗次數太少，則可將單元習作納入大測驗。因大測驗的難度較高，也較能測試出同學真正的程度，因此，其平均應占學生筆試成績的比例較高，以符合其真正實力，老師應根據全班的程度，調整大測驗試題的難易度，太難或太容易均會使得大測驗平均失真。原則上，大測驗平均占筆試成績的30％。登記時，應寫出大測驗範圍、單元名稱及考試成績，並用紅筆登錄。

表3

第一次　數學科　平時成績記錄表　　　標準：80分　　　七年 1 班 10 號　姓名：王小明

(二)考試	1	2	3	4	5	6	7	8	9	10	11	12	13	14	15	
小測驗範圍（實線）—●—	1-1 (1) 負數與數線	1-1 (2) 負數與數線	1-2 (1) 整數的加減	1-2 (2) 整數的加減	1-3 (1) 整數四則運算	1-3 (2) 整數四則運算	1-4 (1) 指數律	1-4 (2) 指數律	Ch1 總複習	段考範圍 段考總複習						B=小測驗 平均×20%
成績	90	85	80	100	90	85	80	100	95	95						90×20% =18
大測驗範圍（虛線）·····●·····	1-1 習作	1-2 習作	1-3 習作	1-4 習作	1-1 負數與數線	1-2 整數的加減	1-3 整數四則運算	1-4 指數律	Ch1 段考總複習							C=大測驗 平均×30%
成績	75	80	100	90	85	80	95	87	90							86.9×30% =26.07
家長簽名	小明加油！ 王爸爸			小明再努力！ 王爸爸			有進步囉！ 王媽媽			持續努力！ 王媽媽			隨時複習加油！ 王爸爸			平時成績 =A+B+C

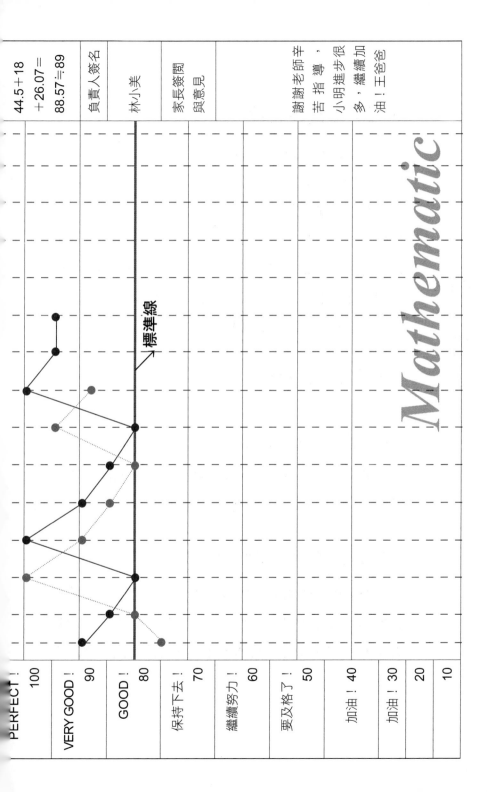

（三）家長簽名欄

　　設計為五大格，每星期六、日由家長簽名並寫評語，星期一檢查，未簽名者，扣學習表現一分，目的在使此份成績紀錄表如同聯絡簿般，透過簽名可讓家長檢視小孩一周來的表現，隨時督促並與老師保持暢通管道，相信這是任課老師與家長互動的一個新的里程碑，並鼓勵學生請家長多寫評語，寫得好又能持之以恆的，老師可酌以學習表現加分。

（四）經驗分享

1.家長都不簽名怎麼辦？

　　老師可找學生談談，先了解學生家庭狀況，不用硬性扣分，以免造成學生心理負擔。

2.為什麼要分大測驗和小測驗成績？

　　因應班上學生的程度參差不齊的差異，小測驗較為簡單，得分容易，可實施多次以提升學生平時的動力；而大測驗題目雖較為困難，卻可評量出學生的真

正程度，所以老師可依教學現場自行調整大、小測驗的次數與占平時總成績的配重比例，但建議兩者均需採計，才能兼顧高、低程度學生的學習成就。

3.大、小測驗試成績登記會很麻煩嗎？

（1）學生自行登記：老師最好能於每次登記時，對學生心態進行正確的引導，說明誠實面對自己的成績，翔實記錄各成績，藉此同學可省思自己每次測驗的努力程度及了解度，並培養對自我負責的態度，重點在過程而非結果，最後，再由他們親自登記分數，如此應可降低同學登記成績的風險，不過就筆者實施多年的經驗，老師一開始若妥善引導，建立學生的正確觀念，並不會發生讓老師擔憂的事。

另類的表格

（2）組長統一登記：老師若仍有疑慮學生登記成績的狀態，則可於每次考試後，交由各組組長登記其組員成績，而組長的成績則由老師親自登記。如此是較為完善，但也比較費時費力，缺點是無法建立每位學生的自主能力。

三、個人標準線與折線圖

（一）個人標準線

1. 老師可依據同學的程度，訂定不同的標準，原則上，分組編號相同的同學，標準分數應一致，例如，分組編號三號的同學，老師可統一訂定標準為八十分。再請學生用不同於藍、紅顏色的筆，於「成績折線圖區」畫一條屬於個人的標準線。

2. 若每次的大測驗到達自己的標準，則老師可在「學習表現加減分」上進行加分，一次加一分，未達成者不扣分，以鼓勵為主。小測驗因為題目已偏簡單，因此不再另行加分。

3. 另有一點需注意，若某次大測驗題目太難，則老師可斟酌降低該次標準成績。

（二）折線圖

1.將每次考試的分數描點連接成折線圖，如範例圖所示。每次小測驗以藍筆連成折線圖，大測驗則以紅筆連成折線圖，因此在「成績折線圖區」會看到兩條不同顏色的折線圖。

2.透過折線圖可讓學生了解自己成績起伏情形及那些單元考差應再行加強，家長在簽名時，也能一目了然的看到自己孩子成績是否平穩亦或起伏太大，並加以留意孩子學習狀況。

四、總成績（A+B+C）

　　鑑於以往平時成績計算，大部分均只採計筆試成績，缺乏更客觀的綜合評量，因此，輔以平常上課態度暨學習表現評量，以提升學生平時成績與學習動力，讓考試低成就的學生也能快樂學習，而考試高成就的學生，也需在平時的上課認真表現，才能拿到高分，藉此可改正部分學生在學習上的驕傲心態。

　　至於配分的比重，原則上是課堂表現與筆試成績各占50%，老師可依班上程度的不同，調整比例，若班上同學的程度較差，則可將小測驗平均的比重提高，降低大測驗平均比重，若程度較優，則可適當調高大測驗平均比重。

　　成績結算方式為課堂表現總分乘以50%，加上小測驗平均乘20%，再加大測驗平均乘30%，合計為平

時成績，上述成績採交換組別後由各組組長負責計算，計算完後於「負責人簽名欄」簽名，並發還給每位同學自行檢驗一次，例如，第一組由組長統一收齊成績紀錄表後，交由第二組組長計算並簽名負責，依此類推。最後，由小老師統一登記班上同學平時成績交予任課老師，便大功告成。如此，可減輕小老師的負擔，而老師可適時地給予小組長在「學習表現加減分」上加分，以示鼓勵。

　　成績結算完畢後，學生帶回給家長簽閱並寫意見，如此家長可完善檢視學生所有的平時成績表現，針對學生不足的地方加以勉勵，也讓家長了解老師在教學上的用心與付出，確實達到親師生溝通平臺功用。

五、總評

（一）因材施教的理念

　　由於成績的計算採計各種多樣化的評量，並且老師可依學生程度的不同，自行調整配分比例，因此學生可隨時為自己的學習表現加分，並從中獲得成就感，讓學生能在每堂課中快樂地學習，朝著「有教無類」的目標前進。另外，也因有「分組競賽」、「學習表現加減分」、「個人標準線」的設計，更讓學生的學習更有企圖心，無形中也融入了「因材施教」的理念。

（二）掌握孩子的學習歷程

　　對家長來說，此張表格的功效比起只看到成績單上的成績更有說服力，藉由成績計算的公平、公正及明朗化，家長更能了解孩子的學習狀況，老師也能得到家長的信任，並透過每星期的家長簽名，家長更能夠掌握孩子的學習歷程，並與老師建立起隨時聯繫的管道，對孩子在校的學習更具督促效用。

　　這份學習表格並沒有固定格式，老師可隨時修改及調整。

215

國家圖書館出版品預行編目資料

班級經營三人行／薛春光等著；蔡嘉驊圖. --
初版. -- 台北市：幼獅, 2009.12
面；　公分. --（教師充電錦囊）
ISBN 978-957-574-748-0（平裝）
1.班級經營 2.教學法 3.筆記法

527　　　　　　　　　　　98018898

＊教師充電錦囊

班級經營三人行

著　　　者　薛春光、李永旭、陳君易、黃鈺欽、徐國峰
繪　　　者　蔡嘉驊
發 行 人　李鍾桂
總 經 理　廖翰聲
總 編 輯　劉淑華
主　　　編　林泊瑜
編　　　輯　洪敏齡
美術編輯　李祥銘
出 版 者　幼獅文化事業股份有限公司
　　　　　　10045台北市重慶南路一段66-1號3樓　郵政劃撥　00033368
　　　　　　電話 (02)2311-2836　傳真(02)2311-5368

門市
＊松江展示中心：10422台北市松江路219號
　電話：(02) 2502-5858轉734　傳真：(02) 2503-6601
＊苗栗育達店：36143苗栗縣造橋鄉談文村學府路168號
　　　　　　（育達商業科技大學內）
　電話：(037) 652-191　傳真：(037) 652-251
印刷 崇寶彩藝印刷股份有限公司
定價 250元
港幣 83元
初版 2009.12
書號 916101
ISBN 978-957-574-748-0（平裝）
幼獅樂讀網：http://www.youth.com.tw
　　　　　　e-mail:customer@youth.com.tw
行政院新聞局核准登記證局版台業字第0143號

基本資料

姓名：..先生／小姐

婚姻狀況：□已婚 □未婚　職業：　□學生 □公教 □上班族 □家管 □其他

出生：民國................年................月................日

電話：（公）................（宅）................（手機）................

e-mail：................

聯絡地址：................

1.您所購買的書名：　**班級經營三人行**

2.您通常以何種方式購書?：□1.書店買書 □2.網路購書 □3.傳真訂購 □4.郵局劃撥
　　　　（可複選）　　□5.幼獅門市 □6.團體訂購 □7.其他

3.您是否曾買過幼獅其他出版品：□是，□1.圖書 □2.幼獅文藝 □3.幼獅少年
　　　　　　　　　　　　　　　□否

4.您從何處得知本書訊息：□1.師長介紹 □2.朋友介紹 □3.幼獅少年雜誌
　　　　（可複選）　　□4.幼獅文藝雜誌 □5.報章雜誌書評介紹................報
　　　　　　　　　　　□6.DM傳單、海報 □7.書店 □8.廣播(　　　　　)
　　　　　　　　　　　□9.電子報、edm □10.其他

5.您喜歡本書的原因：□1.作者 □2.書名 □3.內容 □4.封面設計 □5.其他

6.您不喜歡本書的原因：□1.作者 □2.書名 □3.內容 □4.封面設計 □5.其他

7.您希望得知的出版訊息：□1.青少年讀物 □2.兒童讀物 □3.親子叢書
　　　　　　　　　　　　□4.教師充電系列 □5.其他

8.您覺得本書的價格：□1.偏高 □2.合理 □3.偏低

9.讀完本書後您覺得：□1.很有收穫 □2.有收穫 □3.收穫不多 □4.沒收穫

10.敬請推薦親友，共同加入我們的閱讀計畫，我們將適時寄送相關書訊，以豐富書香與心
　　靈的空間：

(1)姓名................e-mail................電話................
(2)姓名................e-mail................電話................
(3)姓名................e-mail................電話................

11.您對本書或本公司的建議：

10045　台北市重慶南路一段66-1號3樓

幼獅文化事業股份有限公司

客服專線：02-23112836分機208　傳真：02-23115368

e-mail：customer@youth.com.tw

幼獅樂讀網http：//www.youth.com.tw